真の
問題解決能力を育てる 数学授業

―資質・能力の育成を目指して―

西村圭一 編著

明治図書

はじめに

　「子供たちが，身近な地域を含めた社会とのつながりの中で学び，自らの人生や社会をよりよく変えていくことができるという実感を持つ」（中央教育審議会，2015）ことが求められています。
　このことに異を唱える教師はいないでしょう。その一方で，日々の多忙さや目先の評価に追われ，ついつい大きな展望をもつことを忘れてしまいがちです。近年，その傾向がいっそう強まっているように感じるのは，私たちだけではないはずです。
　社会は急速に変化し続けており，「自らの人生や社会をよりよく変えていく」ためには，これまで大切にされてきた以上の能力が必要になることは明らかです。例えば，情報があふれる社会において，数理を用いた意思決定のプロセスに参画したり，批判的に検討したりできない人は，他者の示した結論に一方的にしたがうか，ただ異を唱えるだけしかできなくなってしまいます。

　このような話をすると，「これまでだってそうだった」「算数・数学の基礎・基本を身につけるのが先」と言う方がいますが，本当にそれでいいでしょうか。
　確かに，高校までの学びを基盤に，大学や職場での教育を通してこのような能力を身につけている人がいる一方で，学校数学の学びが算数・数学の世界内にとどまったものになり，実社会で活用できないまま「剥落」している人も少なくないのが現状ではないでしょうか。
　子どもの努力はもちろん，私たち教師の努力も，彼らの将来の人生において実を結ぶようにしたいものです。このような想いを込めて，本書のタイトルを「真の問題解決能力を育てる」としました。
　そして，私たちは，「真の問題解決能力」として，算数・数学の内容や考え方を基盤に判断や意思決定をする力，すなわち，「数理科学的意思決定能力」に焦点を当て，算数・数学の「実用性」ではなく，むしろ「人間形成」

や，その先にある「社会形成」「文化創造」の視点から，検討を重ねてきました。この点に，本書の提案が従来の算数・数学科の「枠」を越えたものになっている背景があります。

　本書で「真の問題解決能力」として焦点を当てた「数理科学的意思決定能力」は，長期的に育成を図っていく必要があります。それには，学年や学校種によって代わる教師が，互いの実践をつないでいく必要があります。その意味では，本書を参考に，読者のみなさんが新たな実践をされ，それを共有していくことでこそ，私たちのめざす教育が実現すると言えます。本書の算数編の授業プランもご覧いただき，個から数学科全体へ，数学科から学校全体へ，また小学校や高校へも，実践の輪が広がっていくことを願っています。

　なお，本書は，平成25年4月から3年間にわたる，日本学術振興会科学研究費補助金・基盤研究（B）『数理的意思決定力の育成に関するホリスティック・アプローチ研究』の研究成果をまとめたものです。この研究には，本書の執筆者以外に以下のものが参画しています。
青山尚司（東京都小平市立小平第九小学校），厚美香織（神奈川県立小田原高等学校），上田大悟（東京都あきる野市立増戸中学校），上野耕史（国立教育政策研究所），小澤真尚（筑波大学附属中学校），後藤貴裕（東京学芸大学附属国際中等教育学校），島田功（日本体育大学），菅原恵美（北海道札幌市立星置東小学校），久下谷明（お茶の水女子大学附属小学校），鈴木和幸（電気通信大学大学院），鈴木春香（東京都小平市立小平第六小学校），鈴木侑（東京都荒川区立汐入東小学校），田中紀子（愛知県立豊田西高等学校），冨樫奈緒子（東京都荒川区立汐入東小学校），長崎栄三（国立教育政策研究所名誉所員），松島充（広島大学附属東雲小学校），室谷将勝（東京都北区立王子第一小学校）
平成28年7月

西村　圭一

Contents

はじめに

■ 第1章
■ 真の問題解決能力を育てる
■ 数学授業とは？

❶ 真の問題解決能力を育てるために ································ 10

❷ 子どもは実社会の問題を解決できる？ ···················· 14

　1　「体力測定」の問題
　2　「スポーツ飲料」の問題
　3　「走り幅跳び」の問題

❸ 「意思決定」の場面を授業に位置づけよう！ ················ 21

第2章
真の問題解決能力を育てる授業のデザイン

❶ 授業デザインのためのフレームワーク ……… 30

❷ 授業デザインの視点 ……… 35
  1 授業デザインの2つのポイントと5つの原則
  2 デザインする視点と説明モデルの変化
  3 実際の授業デザイン

❸ 教材づくりの視点 ……… 46
  1 友達と話し合って解決したくなる「問題状況」を設定する
  2 「合意形成」が適度に難しい問題を用いる
  3 育てたい「プロセス能力」を明確にする
  4 多様な「選択肢」が生まれるようにする
  5 「数学的−社会的価値」を実感させる

❹ 評価の視点 ……… 55

■ 第3章
■ 教師の発問から子どもの反応まで詳しくわかる！
■ 真の問題解決能力を育てる
■ 授業プラン

対象学年　1年～

AEDで救える命を増やそう！ ……………………………………………………65
　市民生活における図形（作図）の活用として

交通事故を減らすプランを提案しよう！ ………………………………………71
　市民生活におけるデータの活用として

水が一番たりないのはどの国かな？ ……………………………………………79
　グローバル教育に関連づけて

多くの人が満足する種目で球技大会を開こう！ ………………………………85
　学校生活におけるデータの活用として

印刷機は買い替えるべきかな？ …………………………………………………90
　学校生活におけるデータの収集と活用として

監督になってバスケットボールの選手を選ぼう！ ……………………………95
　学校生活における質的データの活用として

津波避難施設の設置場所を考えよう！ ………………………………………101
　市民生活における活用，防災教育に関連づけて

歴史的な町並みに合う建物の高さを提案しよう！ …………………………109
　市民生活における図形の活用として

親しみやすい蜂のキャラクターをつくろう！ ……114
感性の数値化の方法として

対象学年　2年〜

ライバルに負けない割引券につくり変えよう！ ……122
消費生活における関数の活用として

7つの世界文化遺産すべてを見学する修学旅行のプランをつくろう！ ……128
修学旅行や遠足の計画づくりに関連づけて

対象学年　3年

富士山の入山料の赤字を解消しよう！ ……133
市民生活におけるシミュレーションとして

第4章 これから求められる「資質・能力」の育成に向けて

グローバル化と問題解決能力の育成 140
Depaul University　高橋　昭彦

意思決定：その定式化の課題 143
独立行政法人統計センター　椿　広計

教科横断的な視座から見た課題 146
国立教育政策研究所　松原　憲治

汎用的能力の視座から 149
国立教育政策研究所　後藤　顕一

第1章
真の問題解決能力
を育てる
数学授業とは？

❶ 真の問題解決能力を育てるために

　学年や学校段階が上がるにつれ，算数・数学学習に対する肯定的な意識は低下していく。また，学習内容が増加するにもかかわらず，現実事象に対する問題解決能力が伸びているとは言い難い。このような指摘は，近年，何度も繰り返されてきたことである。

　とは言え，日本の子どもや成人の数学的リテラシーやニューメラシーの状況は国際的には極めて良好であることが，OECDによる生徒の学習到達度調査（PISA）や国際成人力調査（PIAAC）から明らかになっている。現状維持ではいけないのだろうか。

　2015年8月，中央教育審議会教育課程企画特別部会が14回の部会審議の後，取りまとめた「論点整理」では，2030年ごろまでの社会を視野に入れ，学習指導要領改訂の背景を次のように述べている。

○予測できない未来に対応するためには，社会の変化に受け身で対応するのではなく，主体的に向き合って関わり合い，その過程を通して，一人一人が自らの可能性を最大限に発揮し，よりよい社会と幸福な人生を自ら創り出していくことが重要である。

○そのためには，教育を通じて，解き方があらかじめ定まった問題を効率的に解ける力を育むだけでは不十分である。これからの子供たちには，社会の加速度的な変化の中でも，社会的・職業的に自立した人間として，伝統や文化に立脚し，高い志と意欲を持って，蓄積された知識を礎としながら，膨大な情報から何が重要かを主体的に判断し，自ら問いを立ててその解決を目指し，他者と協働しながら新たな価値を生み出していくことが求められる。（後略）

学習指導要領改訂で見据えられているほど長い射程で将来を見通していたわけではないが，私たちの研究グループが，本書で記述されているような研究・実践を始めた動機は同様のものであった。

　もちろん，「そもそも算数・数学の学びは，社会とは切り離されたものだ」「産業界の望む人材育成に荷担する必要はない」という声もある。しかし，算数・数学教育にかかわる者として，算数・数学の重要性を切実に感じながらも，学校段階が上がるにつれて「蓄積された知識を礎としながら，膨大な情報から何が重要かを主体的に判断し，自ら問いを立ててその解決を目指し，他者と協働しながら新たな価値を生み出していく」状況から離れていく現状に楔を打ちたいと考えたのである。

　例えば，次の問題に，子どもはどのように対応するだろうか。

　あなたは，国際支援機関から，水不足に悩むアルジェリア，ヨルダン，トルコの3か国へ「水」の配分を決めるという任務を与えられました。下のデータを用いて，公平な配分方法を提案しましょう。

国	人口（百万人）	農業における経済活動人口（万人）	面積（km²）	耕地面積（km²）	1年間に利用可能な水（km²）
アルジェリア	35	316	2,381,740	84,350	12
ヨルダン	6	12	89,320	2,830	1
トルコ	72	817	783,560	242,940	214

　各国の人口，面積，1年間に利用可能な水などのデータを基に，各国における利用可能な水の量を公平に比較し，どの国が一番援助を必要としている

かを判断するための「指標」を作成する。その際には，様々な条件や仮定を設け，その妥当性や合理性をも議論しなければならない。授業では，あらかじめ決められた条件に基づいて「正答」を導くのではなく，条件をも議論の俎上に載せ，クラスの合意を得ることが必要になる。

　上述の問題はあくまで一例に過ぎず，社会的な意思決定を要する多くの場面では，数理科学的な根拠に基づく意思決定がなされている。そのプロセスに参画したり，批判的に検討したりする力がないと，他者の示した結論に一方的にしたがうか，ただ異を唱えるだけになってしまう。これでは，持続可能で民主的な国の形成者に資する教育とは言えないであろう。

　しかしながら，"これが数学の問題なの？"と思われる先生方も少なくないように思われる。実際，私たちは，上の問題について，全国の小・中・高・中高一貫校（中等教育学校を含む）の先生方に，次の項目について4肢選択の質問をした（清水他，2015）。

---

a. 私の学校の児童・生徒の多くは，このような問題で算数・数学を使って何らかの提案ができる。

b. このような問題を算数・数学を使って解決できる児童・生徒にしたい。

c. このような問題は学校教育で扱う必要はない。

d. 私はこの問題が好きだ。

e. 私は授業でこのような問題を扱ってみたい。

f. 私の授業ではこのような問題を扱う時間がない。

g. このような問題には，算数・数学の有用性を知らせるという価値しかない。

h. このような問題は算数・数学の授業で扱う（扱った方がよい）問題である。

表1-1は，質問ごとの肯定率（「ほんとうにそうだ」と「だいたいそうだ」の合計）である。

表1-1　肯定率(%)

	小	中	高	中高	全体
a	21.4	21.5	25.1	29.7	23.6
b	85.5	78.9	78.4	85.8	80.4
c	13.8	9.1	6.0	13.1	9.0
d	61.8	56.0	63.0	65.5	60.7
e	46.6	49.3	48.2	59.5	49.5
f	63.1	63.1	72.5	60.7	66.6
g	13.7	12.4	10.0	14.3	11.9
h	56.5	55.1	55.1	54.7	56.0

　このような問題で算数・数学を使って何らかの提案ができる（a）と考える中学校の教師は2割にとどまり，このような問題を解決できる生徒にしたい（b）という教師は8割近くにのぼる。しかし，これらに比べると，この問題が好きだ（d），授業で扱ってみたい（e），算数・数学の授業で扱う問題である（h），ということに肯定的なとらえ方をしている教師は5割前後で多いとは言えない。

　必要性や意義を感じているだけでは，子どもたちにこのような力を育成することはできない。それは容易いことではないからこそ，小学校から高等学校にわたる学校教育の全段階において，それぞれの発達段階に応じた文脈の中で，そのような力をはぐくんでいく必要があると考えるのである。

❷ 子どもは実社会の問題を解決できる？

　授業の話に入る前に，私たちが行った調査から，子どもの実態を見ておこう。この調査は平成23年に国公立の小中高の児童・生徒を対象に行われた。本節では，この中の公立校に着目し，小6（94名），中3（132名），高2（69名）の解答の分析（清水他，2015）を通して，中学生の実態について，小学生や高校生との比較を通して検討する。

1　「体力測定」の問題

　北小学校では，2008年から児童の体力を伸ばす取組を行ってきました。次の表は，次の5つの種目についての2007年から2010年の5年生男子の記録の平均値です。

ソフトボール投げ（m），50m走（秒），1000m走（分 秒），上体起こし（回）　握力（kg）

	ソフトボール投げ(m)	50m走（秒）	1000m走（分 秒）	上体起こし（回）	握力（kg）
2007年	27	9.0	4分8秒	20	18
2008年	28	8.8	4分7秒	22	20
2009年	32	9.2	4分6秒	21	21
2010年	34	9.1	4分10秒	23	22

　校長先生は，体力を伸ばす取組の成果が表れているのかどうかと悩んでいます。5年生の男子の体力が伸びていると言えるか，言えないかを判断しましょう。そう判断した理由も説明しましょう。

　　言える　・　言えない　（どちらかに○をつけましょう）

　「言える」「言えない」のどちらを選んだかにかかわらず，2010年の結果と他の年を比べて，「体力を伸ばす取組の成果」が表れた種目とそうではない種目を分けて説明できた児童・生徒は，小6が67%，中3が75%，高2が65%であった。中学生の75%は，3つの学校種の中で最も高く，まずまずの結

果であったととらえられる。

　しかし，この問題では，単なる経年比較で結論を導いたのでは十分とは言えない。"数理"を根拠にこれを分析的にとらえ，自分なりの"基準"を設けるなどして，他者が納得できるような説明が求められる。

　このような観点から児童・生徒の解答をより深く調べてみると，いずれの学校種においても，最も多かったのは「2007年と他の年を比べて，よくなった種目とそうでない種目を整理し，その種目数で判断している」解答であり，全体の3～4割がこれに該当した。ここでは，「種目数」が"基準"になっている。次いで多かったのは，「5つの種目から『体力』にかかわる種目を限定し比較している」解答であった。

　この問題で注目したい解答は，自分で基準を設けて数値化しているものである。具体的には，種目ごとに順位をつけ，これを得点化して判断している解答や，各種目の変化量を求めるとともに，記録の値が大きいほど好成績な種目とその逆の種目があることを考慮して判断している解答である。正答，誤答に関係なく，このような数値化のアイデアを用いた児童・生徒の割合は，小6が21%，中3が9%，高2が18%であり，中学生は最も低い値であった。

　また，この中には，数値化はしているが順位を誤っているものや，記録の値が小さいほど好成績となる種目を考慮せずに判断している誤答も多く見られた。これを除いた正答は，小6と中3が3%，高2が1%であった。表1-2から，自分で基準を設けて数値化している児童・生徒は少ないこと，また，数値化のアイデアはもってはいるが，適切に数値化し，これを最終的な判断に正しく用いることができた児童・生徒は極めて少ないことがわかった。

表1-2　数値化した割合

	小6	中3	高2
数値化（正答）	3%	3%	1%
数値化（誤答）	18%	6%	17%

2 「スポーツ飲料」の問題

あきらさんの学校は、スポーツ飲料「ポカリウス」の粉末を600袋もらいました。これを夏休みに活動するクラブに分けることにしました。
夏休みに活動するクラブの人数と活動日数は、次の表の通りです。

クラブ	人数	活動日数
バスケットボール	20	14
サッカー	50	12
テニス	30	18

クラブ	人数	活動日数
バドミントン	15	8
合唱	25	24
理科	10	24

あなたなら、それぞれのクラブに何袋ずつ分けますか。どのように考えたかも説明しましょう。

「スポーツ飲料」の問題は、人数、活動日数、部の活動内容（体育部と文化部、活動場所が屋内か屋外か等々）などを考慮して、スポーツ飲料をそれぞれの部にどのように振り分ければよいかを決定する問題である。

ここでは、多くの変数（項目）に着目する必要があるが、児童・生徒がはじめに目を向けるのは「人数」であると予想した。そして、これを踏まえた上で、少なくとも2つ以上の変数（例えば、「人数」と「活動日数」）からの考察を期待した。

この点から児童・生徒の解答を、正答、誤答にも着目して整理した結果は、表1-3の通りである。

表1-3 変数（項目）への着目

	小6	中3	高2
2つ以上に着目（正答）	17%	23%	16%
2つ以上に着目（誤答）	1%	11%	0%
1つだけに着目	53%	46%	75%

正答，誤答に関係なく，人数，活動日数，部の活動内容などのうち，「2つ以上の項目を加味し，それに基づいて配分した解答」は，小6が18%，中3が34%，高2が16%であり，「1つの項目だけに着目し配分した解答」を大幅に下回った。

　さらに，2つ以上の項目を加味した解答を調べてみると，「人数」と「活動日数」に着目して，〔「人数」×「活動日数」〕という"指標"をつくった児童・生徒は，小6では94名中5名，中3では132名中10名，高2では69名中2名であった。「体力測定」と同様に，自分で基準などを設けて数値化している児童・生徒は極めて少なかった。

　ところで，この問題では「比」の考え方を正しく用いることができることも，問題の解決に重要である。

　この点を考えて，私たちの調査では，先に示した「スポーツ飲料」の問題（問題Ⅰ）と同様な文脈において，次の表を示して「クラブの人数だけを考えて『ポカリウス』の粉末120袋を分ける」問題（問題Ⅱ）を用意し，問題Ⅰの解答後に問題Ⅱを配付して解答させた。

クラブ	人数
バスケットボール	16
吹奏楽	24
サッカー	20

　その結果，人数だけを考え，これに「比」を用いて正しく配分できた生徒（中3）は63%であり，6割以上の子どもは正答を得ることができた。

　さらに，問題Ⅱの正答者が問題Ⅰでどのような解答をしているかを調べたところ，その結果は表1-4のようになった。問題Ⅱで「人数のみ」の比で正答している生徒の中で，問題Ⅰにおいて2つ以上に着目して正答している生徒は28%であり，3割の生徒は問題Ⅰにおいても1つだけにしか着目していなかった。

表1-4　問題Ⅱの正答者の問題Ⅰの解答（中3）

2つ以上に着目（正答）	28%
2つ以上に着目（誤答）	11%
1つだけ（例えば，人数）に着目	33%

3 「走り幅跳び」の問題

学校対抗の陸上大会があります。担当の村田先生は，「走り幅跳び」の選手１名をだれにするか悩んでいます。「走り幅跳び」は，１人が３回跳び，その中で最も遠くまで跳んだ人が優勝となります。昨年までの２年間の優勝記録は，次の通りです。

年	2009年	2010年
優勝記録	403 cm	385 cm

村田先生は，選手を選ぶために，下の表の昨日と今日の記録を見ています。×の印は，ファール（記録なし）を示しています。

「走り幅跳び」の記録

昨日		１回目	２回目	３回目	４回目	５回目
	ひでき	355 cm	345 cm	385 cm	360 cm	370 cm
	ようすけ	×	375 cm	353 cm	390 cm	365 cm
	わたる	400 cm	×	315 cm	402 cm	×
今日		１回目	２回目	３回目	４回目	５回目
	ひでき	×	369 cm	372 cm	375 cm	386 cm
	ようすけ	376 cm	×	357 cm	386 cm	374 cm
	わたる	×	×	×	320 cm	405 cm

あなたなら，「ひでき」「ようすけ」「わたる」のうちのだれを選手にしますか。そう考えた理由も説明しましょう。

この問題では，記録（平均値や最大値など）とともに，ファールの回数を考慮して，これをどのように処理するかが判断の着眼点である。例えば，ファールを除いた平均値とファールの回数（またはファールする確率）に着目したり，各個人の最大値や最小値（ファールを除く）とファールの回数（またはファールする確率）に着目したりして，選手を決定することを期待した。

着目すべき変数（項目）が複数ある点は「スポーツ飲料」と同様であるが，「スポーツ飲料」では，これがすでに数値化されている。これに対し，この「走り幅跳び」では，「ファール」をどのようにとらえるかで，違いがあると考えた。

　記録の平均値や最大値などとともに，ファールの回数を考慮に入れて解答しているものに目を向けると，「記録とファールの回数の両方」と「記録かファールの回数のどちらかだけ」に着目した割合は，表1-5の通りである。

表1-5　「走り幅跳び」の解答状況

	小6	中3	高2
記録とファールの回数の両方	30%	40%	64%
記録かファールの回数のどちらかだけ	62%	47%	30%

　平均値や最大値などにファールを加味して判断した児童・生徒の割合は，小6が30％，中3が40％，高2が64％で，学校種が上がるにしたがって，反応率が高くなる。これまでの問題とは傾向が異なるが，「走り幅跳び」という場面に依存しているとも考えられる。この問題では，小学生は1つの項目で判断する傾向にあるが，高校生は複数の項目に着目して判断する傾向があった。

　数学教育では「問題解決的な学習」がこれまで以上に強調されているが，問題解決という文脈をとりながらも，その文脈で展開される数学的活動は，既成の数学の追発見を志向するものが多い。上述の子どもの実態からは，現実世界の問題を数理科学的視座から真に考察する数学的活動を経験させることの重要性を再認識する必要があることがわかる。

❸ 「意思決定」の場面を授業に位置づけよう！

　真の問題解決能力を育てるために，私たちは「数理科学的意思決定」の場面を授業に位置づけることを提案している。

　「数理科学」は，
「数学を中心とし，数学から生まれた統計学や応用数理などの分野と，数学教育や数学史など数学と他の学問分野との境界分野を合わせた学問分野」（日本学術会議数理科学委員会数理科学分野の参照基準検討分科会，2013）である。

　「意思決定」は，認知心理学では，
「ある複数の選択肢（alternative）の中から，1つあるいはいくつかの選択肢を選択すること」（竹村，1996，p.81）
と定義されている。さらに，小橋（1988）は，意思決定は，
「選択を正当化する理由づけをさがすこと」（p.40），
「なぜある選択肢を選んだのかその理由が自他に対して容易に説明できて，その正しさが弁護できることが人間には重要」（p.49）
であるとしている。

　これらの指摘を見ると，私たちは意思決定の連続の中で行動しているが，熟考を要する場面や合意形成を要する意思決定の場面では，選択の根拠が重要であり，その前提として，質の高い「選択肢」の必要性が確認される。

　これらを踏まえながら，「数理科学的意思決定」の過程を次のようにとらえる。

> 　意思決定を要する現実世界の問題を数学的に定式化し，数学的処理を施し，数学的結果を得る過程を辿り，複数の選択肢を創出した上で，その中から，根拠を明確にしながら合意形成を図り，何らかの決定を行うこと

まず，現実世界の問題を数学の問題に定式化する。次に，その数学の問題に対して数学的（数理的）処理を施し，数学的（数理的）結果を得る。この過程を繰り返しつつ，複数の選択肢を創出した上で，その中から根拠を明確にしながら合意形成を図り，何らかの決定を行うことになる。

　こうした一連の過程は，「数学的モデル化」の過程と類似しているが，数学的モデル化では，現実世界をより適切に記述する数学的モデルの構築に主眼が置かれる。それに対し，「数理的科学的意思決定」の過程では，あくまで意思決定に主眼が置かれる。
　つまり，幅広い選択肢の検討が質の高い意思決定につながると考え，基準や仮定を吟味しながら，定式化から数学的（数理的）結果までの過程を繰り返すことになる（図1-1）。

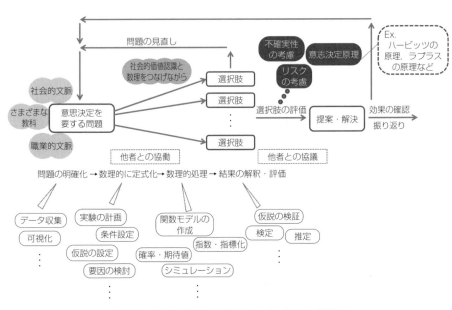

図1-1　数理科学的意思決定のプロセスの構想図

また，このような意思決定の過程では，顕在的あるいは潜在的の違いはあっても，問題状況のとらえ方や，問題解決に必要となる数学の選択，合意形成などの全般にわたって，当事者の様々な価値観が付与され，意思決定の質や内容を左右することは容易に想像されよう。
　この「数理科学的意思決定」のプロセスにかかわる下位能力群やそのフレームワークについては，第2章で具体的に示す。

　ここでは，「数理科学的意思決定」のプロセスを実現する授業の構想について，簡単に述べておく。
　まず，児童・生徒は，意思決定を要する場面に対し，個人や小グループで数学的（数理的）な手法や論理的な考え方を駆使して「選択肢」を創出する。次に，学級で，お互いの根拠や背後にある価値観を明確にしながら，それらの「選択肢」を吟味する。そして，合意形成を図ったり，より妥当性のある解決策を考えたりする。
　このような授業では，問題場面に対する児童・生徒の価値観が顕在化する。これまでの，価値観のような人間の感情がかかわるような問題は扱う必要はなく，あたかも世の中から独立した中立な事象を考察しているかのように振る舞ってきた算数・数学教育とは質の異なる算数・数学教育を指向することになる。

　このような授業の構想に際して参考にしたのは，イギリスで開発されたBowland Maths.[1]である。これは，現実的な問題や子どもたちが興味をもちやすい問題を取り上げ，その思考過程に即して学習を進めるもので，題材も興味深いものが少なくない。次章の❸で取り上げる「ワクチン接種」の問題もそうである。
　ここでは，例として，「宇宙人の侵入」という題材を取り上げておく。これは，「学習旅行で訪れた生徒と教師が，マンフォードシティという街で4機の大型の宇宙船からの攻撃に遭遇する」という設定で，ストーリーの展開

に合わせて問題をペアやグループで協働しながら解決していくものである。テレビのニュース，ラジオ，電話で情報は適宜与えられ，それを基に宇宙船が着陸した正確な場所を特定したり，暗号を解読して捕らえられた者を救出したりする。数学の内容としては，グラフを活用して考察したり，暗号解読のために数列の知識を活用したりすることになる。

　　　　図1-2　　　　　　　　　　　図1-3

　問題場面はフィクションだが，ここで大切にされていることは，オープンエンドで，問題の解決に多様な内容や方法が含まれていること，ペアやグループでの対話を通して解決の方向の多様性を理解し，その上で，数理科学的な方法が価値あるならば，それを選択していることである。

　このような「意思決定」のプロセスを実現する授業は，次に示すように，今後の学習指導要領の改訂において重視される「資質・能力」と同じ方向を向いていると言えるものである。具体的には，中央教育審議会教育課程企画特別部会の「論点整理」で，学校教育法第30条の学校教育において重視すべき三要素（「知識・技能」「思考力・判断力・表現力等」「主体的に学習に取り組む態度」）と関連させ，今後育成すべき資質・能力を，次の三つの柱で整理することが述べられている。

ⅰ) 何を知っているか，何ができるか（個別の知識・技能）
ⅱ) 知っていること・できることをどう使うか（思考力・判断力・表現力等）
ⅲ) どのように社会・世界と関わり，よりよい人生を送るか（学びに向かう力，人間性等）

このうち，特にⅱ）に関連して，「問題発見・解決のプロセスの中で，以下のような思考・判断・表現を行うことができることが重要」として，次の３つの事柄を挙げている。

・問題発見・解決に必要な情報を収集・蓄積するとともに，既存の知識に加え，必要となる新たな知識・技能を獲得し，知識・技能を適切に組み合わせて，それらを活用しながら問題を解決していくために必要となる思考。
・必要な情報を選択し，解決の方向性や方法を比較・選択し，結論を決定していくために必要な判断や意思決定。
・伝える相手や状況に応じた表現。

　さらに，「意思決定」の場面を位置づけた授業には，次のような意義がある。
　１点目は，

子どもの算数・数学観を変容させること

である。
　小学校算数は，生活に近い題材を多く取り上げるが，中学校，高等学校と学校段階が上がっていくと，数学の学習内容が自分たちの生活から離れていくように感じる生徒は少なくない。つまり，「何のためにこの内容を学んでいるのか，どのような場面で学んだことを活用するのか」がわかりにくくなる。それが，中学生や高校生の数学学習に対する意欲を下げる原因の１つだと考える。
　本書で取り上げる授業プランは，生活に近い現実的な問題を算数・数学を活用して解決するもので，算数・数学の実用性（有用性）について，子どもたちが再認識するものとなっている。また，必要に応じて新たな条件を付加

して結論を得たりするので,「算数・数学は,与えられた条件のもとで数式などを処理して結論を得るもの」というイメージを突き崩し,「他者と合意のもとで条件などを整え,数式などを処理した後,得られた結論を再びもとに戻して検討していくもの」へと変容させる。当然,同じ条件が与えられたときには得られる結果は同じであるので,算数・数学の合理性も再認識することになるだろう。それから,条件について議論する場面では,それぞれの子どもがもっている多様な価値観をお互いに示すことになるので,算数・数学は個人的な価値観とは無縁と感じていた子どもたちに「親しみやすさ」を感じさせるものになる。

2点目は,

> 子どもの多様な可能性に気づくこと

である。
通常の算数・数学の授業ではあまり活躍できない子どもが,積極的に意見を述べ,斬新なアイデアを出したり,違った視点からその後の考えを進めるきっかけとなる発言をしたりする場面に遭遇する。通常の授業では見いだせなかった子どもの可能性の出現である。

3点目は,

> 指導の改善につながること

である。
多くの場合,グループによる問題解決型の学習となるので,どのようにすればグループ内での言語活動を充実させられるのか,どのようにすれば一人ひとりの子どもの考えを生かすことができるのか,などを考えることが,通

常の算数・数学の授業での，主体的・協働的な学びにつながっていくと考える。

　また，算数・数学の学習内容がどのような場面で活用されているのか，生活の中の問題を算数・数学の知識や技能を活用して解決させるにはどのような取り上げ方をすればよいのか，などを考えることで，その事象や算数・数学の知識や技能の新たな側面に気づくことになる。

　さらに，このような実践を行うには，算数・数学のみならず，他教科の内容や指導の在り方も可能な範囲で把握しておく方がよい。中学校や高等学校では，自分の担当教科以外には関心が薄いことも少なくないが，教育課程全般についてある程度の理解があると，他教科の取組のよいところに気づき，取り入れやすくなる。

（西村圭一・長尾篤志・久保良宏・清水宏幸）

〈注〉
1） Bowland Maths. については，以下の Bowland Japan のサイトを参照のこと。
　　http://www.bowlandjapan.org/
　　明治図書『教育科学 数学教育』2013年4月号～2014年3月号で，連載「豊かに生きる力をはぐくむ ICT を活用した問題解決授業づくり」の中で詳しく紹介している。

引用・参考文献

・小橋康章（1988）『認知科学選書18　決定を支援する』，東京大学出版会．
・清水宏幸・久保良宏・清野辰彦・長尾篤志・西村圭一（2015）「数理科学的意思決定力の育成に関する調査研究」，日本数学教育学会誌第97巻第9号，pp.2-12
・竹村和久（1996）「第4章　意思決定とその支援」，市川伸一『認知心理学4　思考』，東京大学出版会，pp.81-105
・長崎栄三（2001）『算数・数学と社会・文化のつながり〜小・中・高校の算数・数学教育の改善を目指して〜』，明治図書．
・日本学術会議数理科学委員会数理科学分野の参照基準検討分科会（2013）「大学教育の分野別質保証のための教育課程編成上の参照基準　数理科学分野」．
・中央教育審議会初等中等教育分科会教育課程企画特別部会（2015）「論点整理」，http://www.mext.go.jp/b_menu/shingi/chukyo/chukyo3/053/sonota/1361117.htm（2016年2月現在）

第2章

真の問題解決能力を育てる授業のデザイン

❶ 授業デザインのためのフレームワーク

私たちは，数理科学的意思決定（以下，「意思決定」とする）の過程を，

> A．問題状況

> B．プロセス能力

> C．数学的－社会的価値認識力

の3つからなる枠組みによってとらえている。

　このうち，BとCは，意思決定の過程で必要となる重要な能力群を意味している。
　Bについて，意思決定の過程には，定式化や表現，解釈などの過程が含まれる。私たちは，こうした意思決定の過程で重要になる能力を「プロセス能力」と呼び，それを，
「数学的定式化」
「数学的表現」
「数学的推論・分析」
「解釈・評価」
「数学的コミュニケーション」
の5つによってとらえている。

　Cについて，意思決定を伴う問題解決では，現実事象を扱えば扱うほど，個人の価値観や倫理観が顕在化する可能性が高いと予想される。また，そう

した価値観や倫理観が，意思決定の質そのものを左右することもある。こうしたことを踏まえ，私たちは，現実的な問題場面における解決能力を「数理科学的意思決定力」（以下，「意思決定力」とする）としてまとめ，それをとらえるための重要な下位能力の1つに，プロセス能力とともに，「数学的－社会的価値認識力」の軸を設けている。

「数学的－社会的」としているのは，多様な社会的価値を比較・検討する中で，ある特定の数学的アイデアのよさが浮き彫りになるという意味を込めたものである。こうした数学的－社会的価値認識力は，問題状況のとらえ方や，問題解決に必要となる数学の選択，意思決定の過程などの全般に関係し，影響するものであるととらえている。

以上のような，プロセス能力（B）や数学的－社会的価値認識力（C）を子細に把握し，それを児童・生徒の指導に生かすためには，BやCからなる意思決定力の様相を体系的に見極めることが重要になる。

こうした認識のもと，私たちは，BとCの能力群を的確にとらえたり，意思決定の場面を位置づけた授業を検討したりするための指標として，表2-1に示すような「意思決定力に関する授業デザインのためのフレームワーク」（以下，フレームワーク）を策定している。

フレームワークの縦軸には，プロセス能力に関する5つの下位能力群と数学的－社会的価値認識力が配置されている。また，横軸には，それらに関する3つの相が設定されている。

表2-1 意思決定力に関する授業デザインのためのフレームワーク

	定義	自己内			他者との相互作用
		相1 自己限定的 (individual)	相2 多様性の萌芽 (beginning of diversity)	相3 社会的 (social)	相α〜γ
B1：数学的定式化 Formulating	現実世界の問題を「数学の問題」に翻訳する（直す）能力	特定の視点に沿って，現実世界の問題を「数学の問題」に翻訳する	異なる視点を設定し，その視点から，現実世界の問題を「数学の問題」に翻訳する	多様な視点を設定し，それぞれの視点から，現実世界の問題を「数学の問題」に翻訳する	他者がどのような視点を設定し，現実世界の問題を「数学の問題」に翻訳したかを理解する
B2：数学的表現 Representing	数学的な表現方法によって，意思決定の過程や方法，結果を表現する能力	特定の数学的表現方法によって，意思決定の過程や方法，結果を表現する	異なる数学的表現方法も検討しながら，意思決定の過程や方法，結果を表現する	問題や目的に応じて，妥当な数学的表現方法を工夫・洗練し，意思決定の過程や方法，結果を表現する	他者の数学的表現方法を通じて，相手の意思決定の過程や方法，結果を理解する
B3：数学的推論・分析 Analyzing	数学的手続きや考え方に基づいて，推論をしたり，問題の構造を分析したりする能力	特定の数学的手続きや考え方に沿って，推論をしたり，問題の構造を分析したりする	異なる視座から，自分なりの数学的手続きや考え方を吟味しながら，推論をしたり，問題の構造を分析したりする	数学的手続きや考え方を自分で工夫したり，つくり出したりしながら，推論をしたり，問題の構造を分析したりする	他者の数学的手続きや考え方を理解し，その視点に沿って推論をしたり，問題の構造を分析したりする

B4：解釈・評価 Interpreting & Validating	もとの現実世界の問題に照らし合わせて，意思決定の過程や方法，結果を解釈し，それらの妥当性を評価する能力	もとの現実世界の問題に照らし合わせて，自分自身の意思決定の過程や方法，結果を解釈する	もとの現実世界の問題に照らし合わせて，自分自身の意思決定の過程や方法，結果を解釈し，それらの妥当性を評価する	もとの現実世界の問題に照らし合わせて，自分自身の意思決定の過程や方法，結果を解釈し，必要があれば，より妥当性を高めるための修正を行う	別のアプローチによる意思決定の過程や方法，結果とも対比しながら，類似点や相違点を比較・検討し，評価する
B5：数学的コミュニケーション Mathematical communicating	意思決定の過程や方法，結果を伝え合う能力	意思決定の過程や方法，結果を自己限定的な言語・表現で伝え合う	意思決定の過程や方法，結果について，他者（一般）を意識した言語・表現で伝え合う	意思決定の過程や方法，結果を相手（特定）の理解状況に応じた言語・表現を選択し伝え合う	他者の意思決定の過程や方法，結果を理解し，自己のそれと比較・検討し，練り上げる
C：数学的－社会的価値認識力 Realizing mathematical and social value	数学的－社会的価値観に基づいて意思決定を行う能力	特定の数学的－社会的価値観に沿って，意思決定を行う	異なる数学的－社会的価値観を踏まえて，意思決定を行う	複数の数学的－社会的価値観を取り入れて，意思決定を行う	他者による新規の数学的－社会的価値観に基づく意思決定を受け入れ，それらを比較・検討し，妥当な意思決定を行う

このフレームワークには，次の2つの特徴がある。

第一は，「自己内」における下位能力群の変容という視座から，各能力に共通する相として，「自己限定的」「多様性の萌芽」「社会的」という3つの相を横軸に設けた点である。

第二は，フレームワークの右側に配置されているように，各能力の相の変容を推進する要因として，「他者との相互作用」という視座を導入した点である。

フレームワークにおける相の設定は，あくまで授業デザインの際の目標概念であり，授業における児童・生徒の能力の様相をとらえる指標として利用されるものである。したがって，フレームワークは，実際の授業や児童・生徒の活動を分析したり，授業をデザインしたりするためのツールとして機能するものでなければ意味がない。意思決定では合意形成の過程が重要になることから，「個」という視座だけではなく，「他者」も無視できない視座になる。このことを踏まえ，「個」の下位能力群の変容を推し進める要因として，「他者との相互作用」の軸を設定した。このことによって，授業デザインの際に，意思決定における他者との相互作用の機会（例えば，ペア，小グループ，練り上げなど）を意図的かつ計画的に工夫することができると考えている。

なお，フレームワークの縦軸には，「数学的コミュニケーション」が配置されているが，縦軸の各項目は，あくまで「個」のプロセス能力に力点を置くものである。その意味において，「他者との相互作用」とは一線を画すものである。

また，授業で展開される「他者との相互作用」にも質的差異や変容があると考えられるため，それらを「$\alpha \sim \gamma$」という指標によって示している。こうした「他者との相互作用」の質的差異や変容の具体については，教材や授業ごとに個別に検討することになる。

（山口武志・西村圭一）

❷ 授業デザインの視点

1 授業デザインの2つのポイントと5つの原則

　意思決定力の下位能力群やそのフレームワークを踏まえ，以下では，意思決定力を育てるための授業のデザインに当たって，2つのポイントを指摘しておきたい。

　第一は，個々の授業をデザインするに当たっての，フレームワークの活用方法である。フレームワークは一般的なものであるため，個々の授業をデザインする場合には，その具体化が必要になる。もちろん，当該の教材や授業ごとに，フレームワーク全体を具体化することが理想である。しかし，実際の授業デザインでは，すべての下位能力の育成がその授業の目標になることもあれば，いくつかの下位能力の育成のみが目標となる場合もある。

　また，学校における普及や利便性を考えるとき，教材ごとにすべての授業について詳細なフレームワークを作成することは，授業者の負担を考慮すると，必ずしも実際的ではない。そのため，本研究における一連の授業実践では，フレームワーク全体の具体化を必須とするのではなく，学習指導案の「目標」に代わって，「プロセス能力と授業の目標」という項目を設け，育成すべき能力を焦点化し，記述することとした。

　第二は，それぞれの授業実践に当たって，表2-2に示すような「意思決定力に関する授業のデザイン原則」を研究メンバー間で共有し，教材づくりや授業デザイン，実践の指針としたことである。

　原則1にもあるように，私たちは，現実的な問題解決という視座から，教材づくりや授業デザインにこだわっている。算数・数学科で取り上げられる問題の多くでは，「実生活の問題」と言っても，その現実性は擬似現実的であったり，結論がクローズドで，解決方法も限定的であったりする場合が多い。こうした現状を踏まえつつ，先行研究の教材も参考にしながら，現実性を有し，オープンエンドな教材づくりを可能な限り目標としている。

表2-2　意思決定力に関する授業のデザイン原則

原則1〔問題状況に関する原則〕
　現実的な問題解決となるように，オープンエンドで実生活の問題を取り上げる。

原則2〔授業目標に関する原則〕
　各授業において育成するプロセス能力や数学的－社会的価値認識力を「授業デザインのためのフレームワーク」に基づいて明確にする。

原則3〔数理科学的選択肢に関する原則〕
　数理科学的意思決定の判断指標となるような「数理科学的選択肢」の設定過程を重視する。

原則4〔社会的相互作用に関する原則〕
　小グループやペアによる問題解決，教室での合意形成をできるだけ取り入れる。

原則5〔評価に関する原則〕
　児童・生徒の活動や授業を「授業デザインのためのフレームワーク」に基づいて評価し，授業改善や新たな授業のデザインのための示唆を導出する。

　原則2は，前述のように，授業デザインに当たっては，フレームワークに基づいて，当該の授業で育成する下位能力や授業の目標をあらかじめ具体化することを意味する。このことにより，教材づくりの視点や授業のポイントの明確化をねらった。

　原則3について，私たちは，数理科学的論拠を反映した評価式などの判断指標を「数理科学的選択肢」と呼んでいる。それは，当該の問題解決の文脈において，意思決定の拠りどころとなる判断指標を意味する。授業では，児童・生徒が合理的かつ適切な数理科学的選択肢を自ら設定し，それを基に一定の意思決定を行い，合意形成を図る過程を極めて重視している。原則3は

こうした授業デザインの基本方針を反映したものである。

原則4は，フレームワークの右側に配置されている「他者との相互作用」に関する活用原則である。本研究の授業実践では，数理科学的選択肢の設定・選択や，それに基づく意思決定，合意形成など，授業の重要な局面において，小グループやペア，教室全体における社会的相互作用を積極的に活用することとしている。

原則5は，児童・生徒の5つのプロセス能力や数学的－社会的価値認識力の変容をフレームワークに基づいて評価し，その評価結果を授業改善にフィードバックすることを指す。

意思決定の場面を位置づけた授業のデザインに当たっては，以上のような5つのデザイン原則を指針としながら，育成すべき能力や授業のねらいを明確化するとともに，教授・学習過程や評価のポイントなどを検討することとしている。

2　デザインする視点と説明モデルの変化

意思決定の場面を位置づけた授業デザインのためのフレームワークと授業原則に基づき，意思決定を要する場面を意図的に組み入れていく視点を整理してみたい。また，学習科学研究の知見を手がかりとして，その検討課題を整理する。

原則1で指摘したように，現実的な問題解決を視座とする授業デザインでは，算数・数学のみならず，学校や日常生活で身につけた知識やスキルなどを総動員して問題解決に臨むことを念頭に置き，意思決定を要する場面をデザインしていく必要がある。子どもが日常生活経験の中で獲得していく自然発生的な概念である生活的概念（ヴィゴツキー，2001）と学校の学びで習得していく科学的概念に対して，学問や言語などの知識内容には領域固有性がある。ただし，知識の相違や矛盾だけで概念変容をとらえていくことは困難であるため，概念変容の1つであるプリコンセプションに注目する。

高垣（2005）は，子ども特有の概念として，「誤概念」「素朴概念」と対比して，「プリコンセプション」について，「日常生活のさまざまな経験をとおして獲得され，日常生活の事象の解釈や予想を立てることに繰り返し用いられる概念。日常的表象のレベルで暗黙のうちに獲得されているため，いったんある条件が整ったときに自動的・無意識的によび起こされる。プリコンセプションは，一般化された科学的概念の形式を有してはいないけれども，初歩的なモデルあるいは理論の性質を有しているため，すでに科学的概念と競合し，最終的には科学的概念へと変化し得る資質を持つ」（pp.18-19）と解説している。意思決定を要する場面をデザインする際は，プリコンセプションの変容が生ずるようなきっかけづくりを期待したい。

　例えば，Clement（2008）は，概念的楔となるようなモデル形成のために，類推（アナロジー）による橋渡し方略を教授方略の１つとして提案しており，説明モデルの暫時的変化を示している（図2-1）。

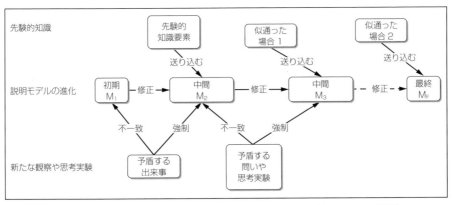

図2-1　Evolution approach for teaching models（Clement, 2008）

　白水（2010）は，「最近の学習科学研究では，協調学習の目標が，定まった『１つ』の答えや理論に学習者を収束させることなのか，未知の答えやモデルを各自がつくっていく過程を支援することなのかに関する論争が起きている」（p.146）と述べている。意思決定を要する場面を意図的に組み入れて

デザインする授業では，後者の協調学習のモデルが合致する。白水は，学習科学研究で得られた知見を参考として，協調学習の学習モデルを提案している（表2-3）。これは，科学的知識に関するClementの概念変化モデル（図2-1）を拡張した，「協調による概念変化モデル」である。この学習モデルの特徴の1つは，レベル3に相当する説明モデルづくりを協調的に行う点である。

表2-3　協調による概念変化モデル（白水，2010，p.148）

	レベル	説明
他人の意見も統合した理論	4．形式理論原則	科学的と認められる説明の構築
他人の意見も統合した理論	3．説明モデル	他人の意見も納得できるモデルの構築
個人でできる観察	2．質的パタン記述	体験のくり返しによる経験則化
個人でできる観察	1．観察記録	自分の一回性の体験の言語化

　意思決定を要する場面をデザインする際には，他者の説明モデルに目を向けるきっかけづくりが必要となる。つまり，他者の説明モデルを参考としながら，自身の説明モデルを見直すことが必要となる。説明モデルは固定的なものではなく，また，他者との相互作用によって，変化し得るものである。フレームワークでは，「自己内」の相1から相3までと「他者との相互作用」の相$\alpha \sim \gamma$を区別している。それは，原則4で指摘したように，意思決定において合意形成の過程が重要であるためである。

　このように，プリコンセプションや説明モデルの妥当性に対する自問や，他者の説明モデルの妥当性に対する問いの投げかけが，意思決定を要する場面のデザインに当たって必要となるのではないだろうか。そこで，他者との相互作用を促す談話に目を向けると，子どもたち同士の対話による概念変容を促す対話型談話に対して，教師の提示による概念変容を促す権威的談話があり，双方を視野に入れた授業デザインを意識することが必要だろう。

　次項では，意思決定を要する場面を意図的に組み入れてデザインした授業実践をレヴューし，そこから導出される検討課題を指摘する。

3　実際の授業デザイン

　じゃがいもを題材とした，小学校における実践事例（本実践を踏まえて改善した授業プランは，算数編の第3章「学童農園の畑にどのじゃがいもを植えたらよいかな？」参照）を紹介する。授業は，2014（平成26）年2月24日（火）に，都内公立小学校の5年の児童30名（男児18名，女児12名）を対象として，90分（45分×2）で行われた。

①授業デザイン

　テーマは，「どのじゃがいもを植えたらよいかな？」である。授業デザインに当たり，意思決定力の下位能力群やそのフレームワーク全体を記述し直し，次のような授業の目標を設定した。

.... **授業の目標** ....
・（相1）実食を通した味の好みの傾向を二次元表にまとめ，そこから新たな課題について考えることができる
・（相2）複数の資料を読み取り，自分の判断の根拠を単位量当たりの大きさや割合を用いて説明することができる
・（相3）資料を基に複数の項目を考慮して説得力のある説明モデルをつくり，友達の意見も活かしながら合意形成をつくり上げることができる
....

　（相1）に相当する活動では，茹でた5種類のじゃがいも（インカのめざめ，キタアカリ，男爵，とうや，メークイン）を実食し，二次元表にまとめる。その上で，じゃがいもを植えるために必要な要素を導出する。
　（相2）に相当する活動では，教師があらかじめ準備しておいた資料などを参照しながら，班ごとに話し合いを行い，クラス全体での合意形成を目指した説明モデルを作成する。
　（相3）に相当する活動では，班ごとの発表を聞いた後，各自の選択を見

直し，説明モデルを改善する。

　フレームワークの相2と相3では，説明モデルをつくることを想定して，例えば，「B2：数学的表現」「B5：数学的コミュニケーション」のプロセス能力は，表2-4のように記されている。

表2-4　プロセス能力「B2：数学的表現」「B5：数学的コミュニケーション」のフレームワーク

	自己内		
	相1　自己限定的 食を通した味の好みによる個人的な判断をし，個の判断の集合である二次元表からクラス全体の傾向を読み取るまで	相2　多様性の萌芽 味の好みの他に考慮すべき内容を考え，必要な資料を基にし，既習事項を用いながら説明モデルをつくるまで	相3　社会的 複数の項目を考慮して説得力のある説明モデルをつくり，友達の意見も活かしながら折衷案となる合意形成をつくり上げるまで
B2： 数学的 表現	二次元表からクラス全体の好みの傾向を読み取ることで，集団としての意思決定について考えを述べることができる	味の好みの傾向だけでなく，予算と価格，植えつけ量，育てやすさや収穫量に着目し，基準をそろえて比較をする考えを用いて，意思決定をしていく過程や結果を表現している	自分の立場を明確にし，目的に応じた意思決定の過程や結果を，算数の学習における既習事項を用いて表現している
B5： 数学的 コミュ ニケー ション	個人の好みではなく，クラス全体の傾向を意識して植えるじゃがいもの品種を決定するための過程を説明することができる	植えるじゃがいもの品種を決定する過程を，味の好みの傾向と実際の栽培収穫場面の項目や価格について触れ，説明することができる	植えるじゃがいもを決定する過程を味の好みの傾向と作業場面，予算や価格といったあらゆる項目について触れ，適切に説明することができる

②授業の実際

　はじめに，児童らは茹でた5種類のじゃがいもを実食し，食感を頼りに，上位2種を選択した。その後，各じゃがいもの食感と，児童らが選択した上位2位までの好みの味のじゃがいもについて整理した（括弧内は筆者らが補足した）。

A　[食感]「くりみたい」「あまい」「スイートポテト」
　　[1位] 11名　[2位] 10名
B　[食感]「水みずしい」「後味がよい」「やわらかい」「あまり味がない」
　　[1位] 1名　[2位] 2名
C　[食感]「少しかたい」「いつも食べている（おいしい）」
　　[1位] 5名　[2位] 2名
D　[食感]「やわらかい」「これぞじゃがいも」「ポテトサラダ」「（甘さが）AとBの間」
　　[1位] 4名　[2位] 7名
E　[食感]「やわらかい」「あまい」「（少し）水みずしい」
　　[1位] 9名　[2位] 9名

　結果を集計後，教師は，本時のテーマへ立ち戻る発問を行い，以下のようなやり取りを行った。

33：58　教師　　「じゃあ，Aにするか」
34：01　児童ら　「いいよ」「え～」「いやだ」
34：03　教師　　「何でいやなの？　多くの人がいいって言ってる」
34：11　男児1　「上位3位まで植える」
34：21　教師　　「今，どうしてそう思ったの？」
34：29　男児2　「確かにAが好きって言った人はたくさんいるけど，その他にも，みんなそれぞれ好きって言ってるのが違うから」

5種類のじゃがいもの特徴を確認後，二次元表に整理した結果に基づき，どのジャガイモを植えればよいか，改めて選択し直した。選択結果は，A：7名，B：0名，C：4名，D：6名，E：10名であった。
　なお，実食して味比べを行った5種類のじゃがいもは，A：インカのめざめ，B：キタアカリ，C：男爵，D：とうや，E：メークインであった。

　次に，味の好みだけではなく，「育てやすさ」「お金」「生産量（たくさんできる方がよい）」「調理がしやすい」といった要素についても考慮する必要があることを，児童らの意見を基に見いだした。
　教師は，資料「収穫量と育てやすさなど」（図2-2）の他，お金という要素に関連する資料「価格一覧表」（図2-3）を提示した。また，予算を10000円（税抜き9260円）以内という条件を設定した。そして，資料「畑の面積とたねいもの目安」を示し，面積1 m^{2}あたり1 kgの種芋を植えるため，実際の畑の面積（底辺8 m，高さ10 mの直角三角形）40 m^{2}に対して，40 kgの種芋を植えることを確認した。

収穫量と育てやすさなど

品種	男爵	メークイン	キタアカリ	インカのめざめ	とうや
収穫量	たねいもの8倍	たねいもの7倍	たねいもの7倍	たねいもの4倍	たねいもの10倍
育てやすさ	ふつう	ふつう	ふつう	やや難しい	ふつう
いもができるまで	やや早い	ふつう	早い	かなり早い	早い
いもができてから	長もち	ふつう	あまりもたない	あまりもたない	長もち

図2-2　収穫量と育てやすさなど

価格一覧表

重量＼品種	男爵	メークイン	キタアカリ	インカのめざめ	とうや
500g	/	/	/	399円	/
1kg	238円	268円	278円	498円	315円
3kg	/	768円	810円	/	930円
5kg	1150円	1280円	1350円	/	1480円
10kg	2180円	2380円	2580円	/	2950円

図2-3　価格一覧表

　児童らは，各資料などから，班ごとに植える品種を決定し，その理由をフリップボードにまとめた。以下は，各班の選択した品種と，その理由である。なお，2班と5班は，授業時間内にまとめが間に合わず，「組み合わせて植えたらよい」という結果と班ごとの話し合いの内容を発表した。

1班：**男爵**「安くて，おいしくて，育てやすいし，収穫量が多いから。また，みんなから人気があるから」
2班：**男爵とインカのめざめ**「インカのめざめは，みんなの希望通りだし，男爵は安くておいしい」
3班：**男爵**「唯一予算内で育てやすさなども条件がよい。（式）2180×4＝8720」
4班：**メークイン**「値段が安いし，収穫量が5個のいもの中では，多いから。育てやすさも，難しくないから」
5班：**メークインと男爵20kgずつ**「予算以内だし，いろいろな味が食べられるから」
6班：**男爵**「理由　安い。収穫量がたくさん。育てやすい。長もちする。40kg 8720円」

7班：メークイン「10 kg…3　5 kg…1　3 kg…1　合計9188円　理由　男爵より高いけど，表では1番人数が多いから。おいしいし，育てやすさとか全部ふつうだから」

8班：男爵「予算以内で買えるし，長もちするから」

③授業プラン作成のための検討課題

　（相1）に相当する活動では，本時のテーマへ立ち戻る教師の発問（プロトコル参照）が，じゃがいもを植えるために必要な要素を検討するきっかけとなっていた。二次元表に整理した結果から，どのじゃがいもを植えたらよいか，改めて選択し直した結果は，他者を意識したものへと変化を促すきっかけとなっていた。このようなプリコンセプションや説明モデルに対する自問を促す，教師の提示による権威的談話を組み入れることが必要である。

　（相2）に記されている説明モデルは，「自己内」の視座によるプロセス能力として確認できる。例えば，7班は，味の好みが第1位のメークインは，1 kg当たりの価格が男爵よりも高く，また，育てやすさが「ふつう」であり，インカのめざめの育てやすさが「やや難しい」ことよりも優位であることに注目している（図2-2参照）。これから，相3への移行を意図した，プリコンセプションの変容を促すための条件整備が検討課題となる。

　（相3）に設定されている，説得力のある説明モデルづくりは確認できなかった。説明モデル構築には，協調による概念変化モデル（表2-3参照）のレベル2からレベル3への引き上げが必要である。合意形成を図ることができる説明モデル構築として2班や5班が主張していた，複数のじゃがいもを組み合わせて植える意見に焦点を当てて，レベル3の説明モデルづくりを行うことも想定できる。その際，様々な資料を基にした指標づくりが期待される。例えば，「収穫量と育てやすさなど」の資料内の保存期間について，「長もち」（2点）「ふつう」（1点）「あまりもたない」（0点）といった点数化を行い，他の要素も組み合わせた数学的表現を期待したい。

（松嵜昭雄・山口武志）

❸ 教材づくりの視点

第1章の❸にも述べたように,私たちは,「数理科学的意思決定」を,

> 意思決定を要する現実世界の問題を数学的に定式化し,数学的処理を施し,数学的結果を得る過程を辿り,複数の選択肢を創出した上で,その中から,根拠を明確にしながら合意形成を図り,何らかの決定を行うこと

と定義している。

それゆえ,意思決定力を育てるためには,定義の中に書かれている活動を経験できる教材をつくることが必要となる。そこで,意思決定の定義を分析的にとらえ,核となる教材づくりの視点を整理すると,図2-4として表される。

図2-4　意思決定力に関する教材づくりの視点

1 友達と話し合って解決したくなる「問題状況」を設定する

　日常生活における意思決定の多くは、主観的、直観的な意思決定であり、数理的に導かれた根拠に基づいた意思決定であることは少ない。日常生活での判断は、他者と合意形成をしなくても、自己の判断で事足りる場合の方が多く、意思決定を行わなくても済んでしまうからである。

　しかし、意思決定者の状況が変わると、合意形成の必要性が高まり、意思決定が重要になってくることがある。例えば、学校の教員、会社員、国内の政策決定者、国家間の契約を決定する立場の者といったように、状況が変化すると、かかわりのある集団が拡大するため、客観的、論理的な意思決定が必要になってくる。この状況という概念に関して、示唆的であるのは、PISA（Programme for International Student Assessment）（国立教育政策研究所、2004）の分類である。PISAでは、状況と児童・生徒との「距離」、並びに、「数学の記号や構造が現れる程度」によって、状況を分類している。

　私たちは、数理的に導かれた根拠に基づきながら、合意形成を行い、意思決定する力の育成をねらっている。この合意形成という活動が顕著に現れ、そして困難な場面となる典型は、国際的な問題に関する状況においてであろう。それゆえ、私たちは、「国際的」という状況を加え、次の6つに分類される状況を想定しながら、教材づくりを考えていく。

表2-5　教材に反映させる問題状況の分類

A．問題状況
A1：私的　　…生徒の日々の活動に直接関係する文脈
A2：教育的…学校生活に現れるような文脈
A3：職業的…職業の場面に現れるような文脈
A4：公共的…生活する地域社会における文脈
A5：国際的…国際社会における文脈
A6：科学的…科学に関連する文脈

2 「合意形成」が適度に難しい問題を用いる

　本研究では，根拠を明確にしながら合意形成を図り，何らかの意思決定を行うことを目指している。その際，合意形成は目的としての側面だけでなく，方法としての側面ももっていることに注意したい。合意形成をする過程では，根拠を明確にすることの必要性が自覚され，その根拠の追究が行われたり，他者に自分の考えを明瞭に伝えるための表現方法が洗練されたりするといった努力がなされる。この過程自体に，形式陶冶的価値が見いだされる。

　したがって，合意形成は目指すが，必ずしも，合意形成がなされなければならないと狭く考えてはおらず，合意形成をしようとする過程が重要であると考えている。

　このように考えているため，教材をつくる際には，容易に合意形成がなされてしまう文脈ではなく，合意形成に適度な困難性が有するような文脈を設定する。具体的な問題（櫻井，2015）を用いて，その意味を説明しよう。

「バスケットボールの選手選抜」の問題

　武田中学校のバスケットボール部は，部員数8名で活動している。次の大会に向けて，監督は8名のうち，試合に出る5名を選出し，残りの3名を控え選手としなければならない。

　次の表は，各選手の身長，最近1か月の練習試合でその選手が決めた得点の合計，及び，監督による評価をまとめたものである。選手を選んだ理由については，後日，選手の保護者の前で説明しなければならない。

　そこで，監督は次の表に基づいて選手を選ぶことにした。2，3，6の3名を選んだところで，あと2名をだれにするか決めかねている。

　あなたが監督であるとして，選手1～8のうち，どの2名を選手にするか1～8の記号で答えなさい。

また、その2名の選手を選んだ理由について、保護者の前でどのように説明するか、実際に説明しなさい。

選手	身長(cm)	得点(点)	監督による評価（A：優れている，B：ふつう，C：やや劣る）					
			スピード	スタミナ	シュートのうまさ	ディフェンス	ミスの少なさ	部活動出席率
①	175	4	C	B	B	B	A	A
②	172	10	A	B	B	A	B	A
③	164	18	B	B	A	B	A	A
④	161	8	C	A	C	A	B	A
⑤	156	20	A	A	A	C	B	C
⑥	150	24	A	B	A	A	A	B
⑦	146	8	A	B	C	A	A	A
⑧	138	14	A	C	A	B	B	B

　「バスケットボールの選手選抜」の問題において、生徒は身長、得点数、監督による6つの評価項目を基に、選手を選抜する。つまり、量的データと質的データが複数与えられた状況で判断することが求められている。これらの項目から判定する一般的な方法はなく、生徒は方法を独自に生み出す必要がある。

　本問題では、合意形成に適度な困難性を生み出すために、分析するデータの中に、量的データと質的データの両方を含めるとともに、「部活動出席率」という要素を含めている。量的データと質的データの両方が含まれることによって、数学的処理に多様性が生まれる。また、「部活動出席率」は、部活動に取り組む真剣さを表す1つの指標でもあり、選抜する際の価値観をゆさぶる役割を果たす。これらが、合意形成に適度な難しさを生み出すことになる。

　一方、「保護者への説明」という制約を設けることによって、根拠を明確にし、第三者に対して説得力のある形で選抜しなければならないことを意識させている。この第三者への説得も、合意形成に適度な難しさを生み出す役割を担っている。

3 育てたい「プロセス能力」を明確にする

　子どもが問題を考察し，意思決定を行う場合，フレームワークで示したどのような「B．プロセス能力」が想定されるのかについて，吟味しながら教材をつくる必要がある。その作成過程は，どのようなプロセス能力を育成したいかという問いを念頭に置きながら，問題文の追加や修正を行うという反復的な作業となる。そして，最終的に，プロセス能力の明確化が行われる。

　先の「バスケットボールの選手選抜」の問題を例に，記述されたプロセス能力の一部を示す。

B2：数学的表現

　本問題では，「保護者への説明」という状況から，公平・公正な考えが求められる。そのため，すべての要素を考慮に入れて数値化したり，根拠を明確にしていくつかの要素に限定して数値化したりするなど，様々な方法で考え，表現することが期待できる。

　具体的に言えば，監督による評価項目のＡ，Ｂ，Ｃをどのように扱うかが最初の着眼点になる。例えば，Ａを3点，Ｂを2点，Ｃを1点として割り当てることで，各選手の総合得点を簡単に求めることができる。他にも，Ａを4点，Ｂを2点，Ｃを1点とすれば，「Ａ」にいっそうの重みづけをした数値化となる。量的データである身長や得点についても，170 cm 以上は3点などといった数値を割り当てることが考えられる。

B5：数学的コミュニケーション

　本問題における「保護者への説明」が，数学的コミュニケーションに強く結びついている。自分たちが，どの項目に重きを置いて選手を比較したのかを明確にして他者に伝えなければならない。

　具体的には，主として「①重きを置いた項目とその妥当性」「②重みづけの仕方とその妥当性」の2点が議論やコミュニケーションの対象となり得る。①は，例えば，部活動の出席率を重視することの妥当性が，対象となる。出

席率は部員同士のチームワークや，本人の今後の成長にも影響するから，他の項目よりも重視すべきであるといった議論が予想される。②は，出席率の評価を2倍換算にするのか，3倍換算にするのかといった重みづけの仕方に関する議論である。

教材づくりにおいて，上記のような，各プロセスにおける具体的な活動の明確化は，不可欠な作業である。また，この作業は，これまで行われてきた数学的概念の教材づくりでは見られない，特徴的な作業となる。

4 多様な「選択肢」が生まれるようにする

意思決定では，1つの決定をするに当たって，多様な選択肢を創出して検討したり，すでに選択肢が限定されている場合には，それらの選択肢を選出するまでの過程を明確にした上で，検討したりすることが重要となる。

ここで，選択肢を創出する問題として，Bowland Maths. の教材「outbreak」のActivity3を例に見てみることにする。

「ワクチン接種」の問題

より多くの人々をウイルスの感染から守るための作業が続けられている。あなたは，ロンドンのある地区の人々に対するワクチン接種を任されている。このウイルス感染を防ぐためのワクチンには2種類ある。どちらも100%感染を防ぐことはできないが，次の表のように，それぞれ異なる割合で感染を予防できる。

	ワクチンの成功率	1人あたりにかかる費用
ワクチンA	95%	8.00ポンド
ワクチンB	70%	3.50ポンド

また，表にあるように，2種類のワクチンにかかる1人あたりの費用は異なる。あなたには，945,500人の予防接種対象者に対して，

5,000,000ポンドの予算が与えられている。
　どのようにすれば最も効果的にワクチンを接種できるかを決めるのはあなた次第である。計画のワークシートを使って，どのようにワクチンを接種するか決定せよ。

　この問題には，問題文の他に，全人口に対する，ある職種の人数の割合を示したデータが付帯されている。この問題を社会的価値観を付与せずに，言わば形式的に解くとすれば，連立方程式を立て，その処理をすることになるだろう。

$$\begin{cases} A+B=945500 \\ 8A+3.5B=5000000 \end{cases}$$

　Bの値を求めると，569777.77…となるので，若干の解釈を行い，B＝569778，A＝375722を得る。この結果から，ワクチンAを375722人分，ワクチンBを569778人分接種すればよいと考える生徒が想定される。

　ここまでは，連立方程式の利用によく見られる「買い物」の問題と同様の解決である。だが，この後，真の問いを考えていくことになる。「569778人分のワクチンAをだれに接種すればよいのだろうか」「ワクチンBの成功率は70%であるので，成功率が高いワクチンAを多くの人に接種すべきではないか」「ワクチンBは全員に接種し，残金を用いて，ワクチンAを接種すべきではないか」などの問いである。選択肢を創出しながら，これらの問いに答え，適切な接種方法を探っていくことになる。

　教材づくりに当たっては，問題文の中に，選択肢を設定するのかどうかを検討する。先の「バスケットボールの選手選抜」の問題は，5人の生徒の中から2人の選手を選抜するので，問題文の中に選択肢が設定されている問題として位置づけられる。一方，「ワクチン接種」の問題は，どのようにワクチンを接種するかを決定する問題であり，選択肢を創出する問題として位置

づけられる。選択肢を創出した上で，それを選択する根拠を議論する授業を行うのか，それとも，与えられた選択肢を選択する根拠について議論する授業を行うのかを決定する必要がある。

5 「数学的－社会的価値」を実感させる

　実社会の問題について考察し，意思決定をする際には，数学的－社会的価値が影響してくる。

　ここで，「数学的－社会的」としているのは，多様な社会的価値を比較・検討する中で，ある特定の数学的アイデアのよさが浮き彫りになるという意味を込めているからである。また，社会的価値といったとき，様々な価値が想定されるが，その一部を列記すると，「公平性・公正性・平等性」「多様性・多面性・協調性」「責任性・自律性」「持続性・恒常性・一般性」「効率性・有限性」「快楽性・愉悦性」などが考えられる（西村，2013）。

　教材をつくる際には，どのような数学的－社会的価値を議論させたいのかを考え，それらの価値が顕在化するような状況や文脈を設定する必要がある。
　例えば，「バスケットボールの選手選抜」の問題では，「保護者への説明」が必要となるため，まず，公平・公正に関する価値観が顕在化すると考えられる。また，監督の立場から判断をするため，責任性に関する価値観も顕在化するだろう。そして，選手選抜のため，選手の多面性を見ることが必要となり，多面性に関する価値観が顕在化すると考えられる。したがってこれらは，「公平性・公正性・平等性」「多様性・多面性・協調性」「責任性・自律性」に該当する。

　最後に，これまでの算数・数学教育では，あまり光が当てられてこなかった内容であるが，意思決定を行うに当たって重要となる内容に光を当てて，教材づくりを行っていくことについて述べておきたい。

例えば，指標の作成である。本研究では，「B2：数学的表現」において，指標をつくり，意思決定する力の育成も期待している。多数の資料から，重要な要素を抽出し，その要素間の関係を構築し，資料を代表する基準を設定する能力は，これからの社会で活躍する児童・生徒にとって，必要な能力であると考える。よって，指標づくりを重視した教材づくりも進めていく。

　また，不確実性の事象に対して，決定木を用いて解決するような教材づくりも行っていきたい。例えば，何人かの選手の中から，1人の走り幅跳びの代表選手を選ぶという問題について考える。ある候補選手は好記録をねらって全力で助走をして跳べば，420 cm 程度のジャンプができる。その代わり，2割程度の確率でファールしてしまうというリスクを負う。ファールしないように注意して，助走をやや抑えて走れば90％の確率でファールはしないが，記録は380 cm 程度に抑えられてしまう。このような選手がいたとき，どちらの選手を選ぶかという問題である。

　これを決定木で表すと，次のようになる。

　それぞれの選択肢の期待値を求めると，全力の場合は420×0.8で336 cm，セーブして跳んだ場合は380×0.9で342 cm となり，見込みの高いのはセーブして跳んだ場合ということになる。
　これは一例であり，決定木の結果だけに基づいて意思決定を行うわけではないが，上記のような教材についてもつくっていきたい。

（清野辰彦・青山和裕）

❹ 評価の視点

意思決定力の評価については、❷で述べた授業原則のうち、次の原則5が基本となる。

> **原則5〔評価に関する原則〕**
> 児童・生徒の活動や授業を「授業デザインのためのフレームワーク」に基づいて評価し、授業改善や新たな授業のデザインのための示唆を導出する。

意思決定の場面を位置づけた授業をデザインする際には、❶で示したフレームワークに沿って、当該の授業の目標や展開を具体化していくことが基本になる。そのことを踏まえ、教師が児童・生徒の意思決定力の実態を評価したり、自らの授業を省察したりする際にも、当該の授業に沿って具体化されたフレームワークを参照することが基本になる。

上記の原則5は、こうした「指導と評価の一体化」に関する基本方針を示したものである。

例えば、表2-6は、本研究においてつくられた授業「親しみやすいキャラクターをつくろう」(小学校6年)に関するフレームワークの実際である(冨樫、2015；山口・西村、2015)。

この授業では、当該校で実際に推進されていた「歯の健康づくり」というテーマに沿って、「よい歯バッジ」(図2-5)の新デザインを作成する活動に取り組んでいる。その活動の中核は、全校児童から「親しまれる」バッジの新デザインを考案することにある。

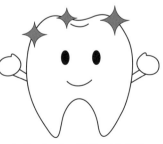

図2-5　よい歯バッジ（例）

この授業における意思決定に関する活動の本質は，「親しみやすさ」を客観的に判断するための数理科学的選択肢を設定し，それを基に教室内において「親しみやすさ」に関する合意形成を図ることにある。つまり，何らかの数量化の指標によって，「親しみやすい」という形容詞表現をメタ的に考察することが，本教材における活動の本質である。

　この授業では，「プロセス能力と授業の目標」が，次のようにあらかじめ設定されており，Ｂ１（数学的定式化）とＢ２（数学的表現）の２つに焦点が当てられている。

> 　　Ｂ１：数学的定式化とＢ２：数学的表現に重点を置く。特に次の２点を評価する。
> ①データを取り，根拠をもって説明することができる。
> ②問題解決基本３フェーズ（Ⅰ：現象把握，Ⅱ：因果探求，Ⅲ：対策実行）を通して，調査の方法を考え，得られたデータについて推論・分析できる。

　こうした目標をフレームワークに沿って具体化したものが，表2-6である。

表2-6 フレームワークの具体化の一例(冨樫,2015)

	自己内			他者との相互作用 相α〜γ
	相1 自己限定的	相2 多様性の萌芽	相3 社会的	
B1: 数学的定式化	指示された「目の位置」に着目して,より親しみやすいキャラクターに改善する方法を考察する	「目」「鼻」「口」など自分なりの視点を設定し,その視点から,より親しみやすいキャラクターに改善する方法を考察する	振り返りで他者の視点を取り入れて,「目」「鼻」「口」以外にも新たな視点から,より親しみやすいキャラクターに改善する方法を考察する	他者がどのような視点を設定し,より親しみやすいキャラクターに改善する方法を考察したかを理解する
B2: 数学的表現	ヒストグラムや代表値の中から指示された統計的表現によって,キャラクターを改善する過程や方法,結果を表現する	ヒストグラムや代表値の中から自分なりの統計的表現を選択し,キャラクターを改善する過程や方法,結果を表現する	ヒストグラムや代表値の中から妥当な統計的表現を用いて工夫・洗練し,キャラクターを改善する過程や方法,結果を表現する	他者の統計的な表現方法を通じて,相手のキャラクターを改善する過程や方法,結果を理解する

例えば，授業における「数学的定式化」に関するプロセス能力の評価に当たっては，表2-6に沿って，その実態を把握し，評価することになる。具体的には，図2-6のように，目の位置に着目した「親しみやすさ」に関する数量化の方法やその多様性などを見取りながら，「数学的定式化」に関する能力の様相や変容を評価することになる。

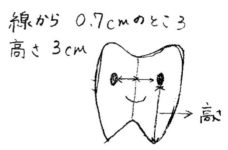

図2-6　ある児童による「親しみやすさ」に関する数量化

　なお，本研究では，このような「原則5」に基づく評価の充実のために，アンケートを別途につくり，能力群の様相や変容を分析するための基礎資料とすることとした。このアンケートには，「小学校用」と「中・高等学校用」の2種類がある。また，それぞれには，「アンケートA」と「アンケートB」がある。アンケートAは，当該の問題を扱う授業の最終時に実施するものである。アンケートBは，最終時以外の授業において実施するものである。

　表2-7はその一例であり，中・高等学校用のアンケートAである。項目1の（1）～（6）は5つのプロセス能力と数学的－社会的価値認識力に関する評価項目である。具体的な対応は表2-7に示す通りである。また，（7）は情意面に関する評価項目である。さらに，（8）と（9）は数学観の変容に関する評価項目である。アンケートAとアンケートBの違いは，項目1の（8）と（9），項目2の有無である。授業実践全体を通じた能力群の変容を見るために，アンケートAでは，項目1の（1）～（7）に加えて，これらの項目が追加されている。

　本研究では，上述のようなフレームワークに基づく評価とともに，こうしたアンケートの結果も参照しながら，個々の授業における子どもの意思決定力の実態を総合的に評価し，指導にフィードバックするようにしている。

（山口武志・西村圭一）

表2-7 アンケート例（中・高等学校用「アンケートＡ」）

1. 今日の数学の授業についておたずねします。次の（1）〜（9）について，あなたの考えにもっとも近いものをア〜エの中から１つ選び，○で囲んでください。［選択肢は略］
（1）今日の授業では，数学を使って問題を解こうとしました。＜数学的定式化＞
（2）今日の授業では，自分の意見や考えをしっかりもちました。＜数学的推論・分析＞
（3）今日の授業では，自分の意見や考えを，言葉や数，式，図，表，グラフなどに表しました。＜数学的表現＞
（4）今日の授業では，自分の意見や考えを，友だちに言いました。＜数学的コミュニケーション＞
（5）今日の授業では，友だちの意見や考えを聞いて，自分の意見や考えと比べたり変えたりしました。＜数学的－社会的価値認識力＞
（6）今日の授業では，みんなで話し合いながら考えたり決めたりしたことで，最初の問題をよりよく理解することができました。＜解釈・評価＞
（7）今日の授業は楽しかったです。
（8）今日の授業のように，みんなで考えたり決めたりする授業をまた受けたいです。
（9）今日の授業のように，みんなで考えたり決めたりする学習は，将来，役立ちます。

2. 今日の授業をこれまで受けてきた数学の授業とくらべたとき，違うところがありましたか。□のなかの「ある」か「ない」を○で囲み，「ある」場合には，あなたが違うと思ったことを書いてください。［回答欄は略］

3. 今日の授業で，あなたはどのようなことを学びましたか。自由に書いてください。［回答欄は略］

【注】１について，４つの選択肢は，「ア　とても思う」「イ　思う」「ウ　あまり思わない」「エ　まったく思わない」である。

引用・参考文献

- Clement, J. (2008). The role of explanatory models in teaching for conceptual change. In S. Vosniadou (Ed.), *International handbook of research on conceptual change* (pp.479-506). New York, USA : Routledge.
- 松嵜昭雄（2015）「数理科学的意思決定力を育成する授業デザインの構想―プリコンセプションの変容と説明モデルの暫時的変化への着目―」，日本数学教育学会『第3回春期研究大会論文集』，pp.35-42
- 西村圭一（研究代表）『社会的文脈における数学的判断力の育成に関する総合的研究』，科研費研究成果報告書．
- 櫻井順矢（2015）「数理科学的意思決定の過程を重視した授業に関する研究―『バスケットボールの選手を選ぼう』を例にして―」，日本数学教育学会誌第97巻第5号，pp.2-10
- 冨樫奈緒子（2015）『第6学年・算数科学習指導案：親しみやすいキャラクターを作ろう』，（2月19日実施）．
- 白水始（2010）「9章 協調学習と授業」，高垣マユミ『授業デザインの最前線Ⅱ―理論と実践を創造する知のプロセス―』，北大路書房，pp.136-151
- 高垣マユミ（2005）「2章 新しい授業理論の構築」，高垣マユミ『授業デザインの最前線―理論と実践をつなぐ知のコラボレーション―』，北大路書房，pp.17-32
- ヴィゴツキー，L. S. 著（柴田義松訳）（2001）『新訳版 思考と言語』，新読書社．
- 山口武志・西村圭一（2015）「授業実践による数理科学的意思決定力に関する水準表の記述性および規範性の検証」，日本数学教育学会『第3回春期研究大会論文集』，pp.27-34

第3章

教師の発問から子どもの反応まで
詳しくわかる！

真の問題解決能力を育てる授業プラン

第2章では，授業デザインについて示した。本章では，これに基づく，12の授業プランを示す。
　はじめに，これらの授業プランの利用の仕方や，授業を行う上での共通する留意点について，第2章との重複は避けつつ挙げておこう。

① 意思決定を要する場面にする

　子どもたちが解決の必要性を感じる問題場面を提示することは，合意形成までを意図する上で不可欠なことである。12の授業プランでも，何らかの合意形成が必要な場面を用意している。
　ただし，それらはあくまでそれぞれの執筆者の目前の子どもに対するものである。したがって，授業を実施するに当たっては，ご自身の目前の子どもたちに合わせてアレンジする必要がある。

　そうは言っても，授業プランのような状況が私の学校にはないという方もいるだろう。そのようなときは，子どもに他者を納得させる役割をもたせるようにする。例えば，授業プランの「水が一番たりないのはどの国かな？」「ライバルに負けない割引券につくり変えよう！」などがそうである。場面とともにデータを提示し，「このようなとき，みんなだったらどうする？」「どういう決め方をしたら，みんなが納得するかな？」という意識づけをすることになる。
　これに対して，「津波避難施設の設置場所を考えよう！」「AEDで救える命を増やそう！」などは，授業プランと同様に，各々の学校に応じた状況で意思決定をしていく展開が可能である。もちろん，授業プランとは異なった展開になることも十分考えられるが，そこにおもしろさがある。
　まずは，それぞれのタイプで授業実践をしてみていただきたい。

　なお，発達段階に応じて「社会」をとらえた結果，小学校の授業プランは

学校や地域といった身近な文脈における意思決定が中心になったのに対して，中学校は社会科や総合的な学習の時間と関連させ，より広い文脈の意思決定を扱うことが可能になった。「多くの人が満足する種目で球技大会を開こう！」などは，ちょうどその中間に位置づく問題場面とも言えるだろう。算数編も参考にしていただきたい。

❷ どの学年でも実践可能である

　授業プランの問題は，算数・数学的に多様な内容，方法を内在している。子どもたちは，実世界での多様性と相まって，算数・数学的にも多様なアプローチをする。したがって，扱える学年に幅がある。換言すれば，「この問題は，この内容を学習した，この学年で扱う」といった発想ではなく，問題に対峙させることで，それぞれの学年に応じた意思決定に取り組み，そのことにより，真の問題解決能力を育てることができると考えている。

　なお，私たちのこれまでの実践授業において，子どもたちが授業者が想定していたよりも簡単な算数・数学しか用いなかった，ということがあった。内容の学習に比して真の問題解決能力が育成されていない実態の表れととらえ，中・長期的な展望で授業を位置づけることが大切である。

❸ 授業時に留意点してほしい点

　①のように工夫をすると，ときに子どもは，提示された問題場面の多様性に惹かれて，算数・数学を用いる方向とは異なった方向へ向かうことがある。軌道修正をしたくなるところであろうが，まずはそれも解決の一方向として受け入れるようにする。なぜなら，そのような場合，子どもは「自己限定的」に考えていることが多く，それが「多様性の萌芽」「社会的」と進む契機となるからである。

　すなわち，対話を通して解決の方向の多様性を理解し，その上で，数理科

学的な方法が価値あると気づき，それを選択する，というプロセスを大切にしたい。

　それぞれの授業プランで，意思決定を促す手立てとして，他者との相互作用を視座に，ペアやグループで協働的に思考する機会を設けていることも，同様の理由からである。その際に留意したいことは，各々が考えをもった上で，ペアやグループでの対話を行うことである。「絡まった糸」を想起してほしい。何の計画もなく，みんなでいじっても，事態は悪化するばかりである。それぞれが状態をよく把握し，解決案をもった上で，どうするかを話し合い，その上で取りかかる方がよいだろう。意思決定においても同様で，個々が考えをもたない上でいきなり話し合わせても，日頃の子どもたち同士の人間関係が表れるだけである。「津波避難施設の設置場所を考えよう！」で，ジグソー学習法を取り入れていることの背景には，このような考えがある。

　もっとも，個人の考えをもった上でも，「多くの人が満足する種目で球技大会を開こう！」のような学級の問題を扱うと，子どもが問題に入り込み，そのような人間関係が如実に表れ得る。このようなときは，教師の働きかけが極めて重要である。例えば，机間指導で「その考え方でみんなが納得するかな？」「納得するってどういうことかな？」などと投げかけていく。また，ペアやグループで考えさせている際に「多様性の萌芽」にある状況を見つけ出し，学級全体で共有し，「自己限定的」な考えと対比させ，「どんな点が違うのか」「よいところはどのようなところか」を考えさせる。

　学級経営的と思う方もいるかもしれないが，このことは，長期的なビジョンに照らすと，その意義がおわかりいただけよう。私たちは，社会的な意思決定を「力のある集団」に任せるだけではなく，意思決定のプロセスに参画したり，数理を用いて批判的に検討したりできる市民の育成をめざしているからである。「満足すること」と「納得すること」の違いや，全体の「総和」としての満足度を追求するだけではなく，ときには，満足度が最小になる人の満足度を最大にするような配慮が必要なことを学ぶことは，価値観を伴う意思決定において，重要な意味をもつことを念頭において授業をしたい。

対象学年 **1**年〜　市民生活における図形（作図）の活用として

AEDで救える命を増やそう！

❶ 問題場面

> AEDで救える命を増やすために，増設場所を考え，AEDマップをつくろう。

「AEDで救える命を増やそう」という社会的な問題を取り上げる。

まず，グループでAEDの増設場所を考える。もちろん，数多く設置できるにこしたことはないが，コスト面も考える必要がある。理想と現実のトレードオフの中で，適切な増設場所を決める。その際，ある地点においてどのAEDが近いかを示す地図（AEDマップ）を作成する。このAEDマップをGeoGebraなどのツールを用いて作成することで，設置場所の検討を動的に行うことが可能になる。

次に，学級全体で，各グループが考えた設置場所の根拠やよさを熟考し，最もよい設置場所を決定する。これが「合意形成」に当たる。

なお，AEDマップの作成は，平面上にいくつかの点が配置されているとき，その平面内の点をどの点に最も近いかによって分割することに当たり，その図は「ボロノイ図」と呼ばれている。1台のAEDがカバーできる範囲を示す円と，このボロノイ図の作図が結びつくところに，この教材のおもしろさがある。

❷ 意思決定を促す手立て

　他者との相互作用の機会として，グループ内で，AEDの設置間隔や増設場所について，根拠を明らかにしながら，互いの考えを比較・検討する機会を設ける。また，学級全体で，現実に照らしながら，増設場所の妥当性を評価する機会を設ける。

❸ 授業展開例

1　目標
・住人や通行人の年齢構成，建物の状況などを想定し，AEDの設置間隔を考えることができる［B1・相3］
・ある地点においてどのAEDが近いかを示す地図を基に，増設場所の妥当性を評価し，必要があれば修正することができる［B4・相3］

2　指導計画（2時間扱い）

	学習活動
第1時	・AEDの設置条件を考える。 ・AEDの増設場所を考える。
第2時	・AEDの増設場所の妥当性を検討する。 ・AEDマップを作成し，増設位置を修正する。

3 主な発問と予想される生徒の反応（○指導上の留意点・■評価）

第1時

1 課題把握（5分）

T AEDは知っていますか？

S 救命に使う道具です。

T 救命処置をした場合，何もしなかった場合に比べて，救命の可能性が2倍ほどになるそうです。

S なるべく早く処置した方がよいと聞いたことがあります。

T そうですね。心停止からの経過時間が2分経つごとに，救命の可能性が10％ほど低くなります。

T AEDの設置台数と使用件数の推移を表したグラフを見ると，日本ではAEDの設置台数は増加していますが，使用件数はほとんど変化していないようです。なぜでしょうか？

S 必要な場所に設置されていないから。

S 近くになくて間に合わない。

T 市町村などのHPでは，このように，AEDを設置している場所が示されている地図が公開されています。この地図を見ると，私たちの町にはAEDは適切に配置されていると言えるでしょうか？

S 偏りがある。

S 駅から離れると少なくなる。

T AEDはどのくらいの間隔で設置されているとよいでしょうか？

○保健の教科書や地域の情報誌などを活用し，AEDや救命に関する知識を共有する。

○AED設置場所や利用に関する問題意識をもたせるようにする。

○自分たちの町のAEDの設置場所が示された地図を配付する。

2 個人解決①（10分）

S 片道2分程度で取りに行くとする。10秒で50mを走る速さなら2分間（120秒）走り続けることは可能。50m×12＝600mより600mごと

に設置する必要がある。2つのAEDの距離が300m以内になっているかどうかを定規やコンパスで調べる。

S 片道1分程度で取りに行くとする。10秒で50mを走る速さなら1分間（60秒）走り続けることは可能。50m×6=300mより300mごとに設置する必要がある。AEDを中心にして半径150mの円をかいて調べる。

■いろいろな人が歩く速さからAED設置間隔を考えることができる。
○課題把握時に確認した救命の知識が生かせるようにする。

3 グループでの合意形成①（10分）

T 「適切」の決め方が人によって異なるようです。お互いの根拠を確認しながら，私たちの町にはAEDは適切に配置されていると言えるかどうかを判断しましょう。

S 片道2分という考えはどこから出てきたのですか？

S 心停止からの経過時間が2分経つごとに，救命の可能性が10％ほど低くなることからです。2分以内であれば，50％以上の救命の可能性があるので，片道1分（往復2分）で取りに行く方がよいと思います。

S 片道1分程度で取りに行けるようにするためには，300mごとに設置する必要がある。

S 駅周辺では300m以内に設置されているが，住宅地では300m以上離れているところがほとんどなので，適切とは言えない。

○片道300mを1分間かけて取りに行き，AEDを持ってさらに300mを1分間かけて戻ってくることを，図などを用いて確認する。
○AEDとAEDの間が300mになることも図を用いて確認する。
○個人の考えを確認し，合意形成を図るように指示する。

4 学級での共有①（10分）

T どのような結論になりましたか？　いくつかのグループに発表してもらいます。

○2〜3グループに結論と根拠を発表させる。どのグループから発表させるかを決めておく。

T 偏りがあったり，たりなかったりする結論のグループが多いようですね。それでは，AEDを増設するとしたら，どこに設置しますか？

5 個人解決②（15分）

S 住宅地の数か所に適当に設置する。
S 住宅地にあるコンビニや郵便局，マンションなどの建物に着目しながら設置場所を考える。半径150 mの円を敷き詰めるように，中心をずらしながら円をかいていく。

■いろいろな場合を想定し，AED増設場所を考えることができる。

第2時

6 グループでの合意形成②（15分）

T 増設場所について，グループで考えを共有し，どこに増設すればよいかをまとめましょう。その根拠も説明しましょう。
S 普通の家に設置しても他の人が利用できないので，公園やマンションに設置しようと思いました。
S 公園に設置すると，いたずらをする人がいる。
S いたずらできないように工夫をして設置すればよい。
S 今あるAEDの位置を中心にして，半径150 mの円をかいて，その円が敷き詰められないところに設置すべきだと考えました。

7 学級での共有②（10分）

T 円をかいて，増設場所を考えているグループがありました。どのような考え方かわかりますか？

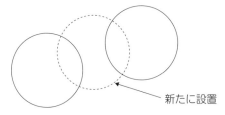

○今あるAEDの位置を中心にして，半径150 mの円をかいているグループの考えを取り上げる。

S　円の重なりが小さくなった方がよい。
S　重なったところは，どちらに取りに行ってもよい。
S　重なったところも，どちらかのAEDの方が近い。
T　例えば，この地点（×）にいるときに，AEDが必要になった場合にはどこに取りに行けばよいですか？

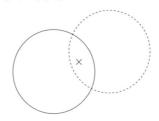

S　左側のAEDの方が近いので，そちらに行きます。
T　それぞれの地点で，どこに設置されているAEDを取りに行けばよいかを示す地図「AEDマップ」をつくり，もう一度，増設場所を考えてみましょう。
■AEDマップづくりに垂直二等分線が有効であることを見いだし，ボロノイ図を作成することができる。
■ボロノイ図を基に，現実に照らして増設場所の妥当性を評価し，必要があれば修正することができる。

8　グループでの合意形成③（20分）

S　円の交点は，2つのAEDから等しい距離にある。
S　それ以外にも等しい距離の地点があるはずだ。どちらが近いのかを示すには，垂直二等分線を作図すればよい。
S　このマップから，1つのAEDでカバーしている範囲に，結構差があることがわかる。大きい地域に増設するとよいと思う。

9　振り返り（5分）

T　どのグループも，増設場所の提案がつくれたようですね。この学習を通して，どのようなことを学んだのかを振り返って書きましょう。

（本田千春）

対象学年 **1年～** 市民生活におけるデータの活用として

交通事故を減らすプランを提案しよう！

❶ 問題場面

> 交通事故が多発して困っている町がある。その町の議会では、交通事故を削減するために10万ポンド（1400万円）の予算を計上している。その町の過去4年間の交通事故のデータを分析し、どこにどのような対策を講じればよいか、対策プランを作成して町議会に提案しよう。

　イギリスのBowland Maths.の教材の1つである「交通事故を減らそう」を利用する。これは、町議会が交通事故の死傷者の数を減らすために計上した10万ポンドの予算を、この町の過去の交通事故のデータを分析し、どこにどのような対策（信号機を設置する、標識を設置するなど）をするのかを決め、効果的な安全対策を提案するという教材である。
　Bowland Maths.のソフトウェア（日本語版をBowland Japanのウェブサイト http://bowlandjapan.org/ からダウンロードできる）を利用する（図1）。Bowland Maths.は、イギリスの数学教育改良プロジェクトであり、ナショナル・カリキュラムでの「数学の方法」の強調に対して、その育成のための具体的な教材や、生徒の具体的活動に関する評価の枠組みが、伝統的な数学の内容のそれらに比べると十分に開発されていないと判断し、企業からの基金と政府補助金により進められたプロジェクトである。Bowland Japanでは、これらの教材を紹介するとともに、いくつかの教材は日本語化し、提供している。

このソフトウェアでは，地図上に事故のあった箇所がマークされていて，それぞれについて，被害者の年齢，性別，けがの状況，事故の対象（歩行者，自転車，バイク，車），事故の年月日，曜日，時刻，天候（路面状況），制限速度のデータが示される。交通事故の記録は全部で120あり，データを一覧表形式で見ることもできる。

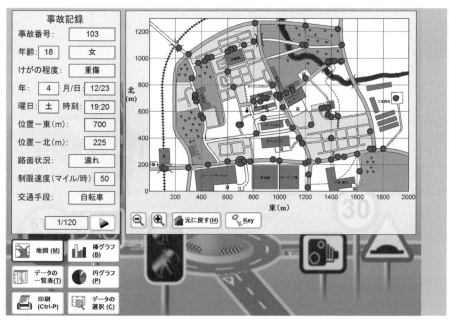

図1　地図上で点滅している個所の事故記録

❷　意思決定を促す手立て

　他者との相互作用の機会として，グループでの提案書の作成と，それらの学級での検討の機会を設ける。そして，他のグループの考えを判断の根拠に注目しながら聞き，新しい視点に気づかせた上で再考させ，合意形成に至るようにする。

❸ 授業展開例

1 目標
・事故に影響する変量（天候，時刻など）に着目し，データを分析することができる［B3・相2］
・分析結果に基づき，対策を選び，その根拠を説明することができる［B5・相3］

2 指導計画（4時間扱い）

	学習活動
第1時	・データから発生した交通事故の特徴を探る。
第2・3時	・交通事故の原因を分析し，対策プランを作成する。
第4時	・発表，相互評価と集団検討を行う。

3 主な発問と予想される生徒の反応（○指導上の留意点・■評価）

第1時

1 課題把握（10分）
T 交通事故が多発して困っている町があります。みなさんがこの町の議員だとしたら，どのようなことを考えますか？
S 交通事故を減らしたい。
T どうしたら交通事故を減らすことができますか？
S 対策をする。
S 対策をするには，いつどこでどのような事故が起こったのかがわかるとよい。

T　このソフトウェアでは，この町の過去4年間の交通事故のデータを見られるようになっています。データを選んで，棒グラフや円グラフに表すことができます。また，何時から何時の間とか，何歳から何歳の間とか，天候別といったような表示も可能です。

T　交通事故が多発して困っているこの町の議会では，交通事故を削減するために，1400万円の予算を計上しています。この町の過去4年間の交通事故のデータを分析し，どこにどのような対策を講じればよいか，対策プランを作成して町議会に提案しましょう。

○交通事故が多発して困っている町の地図を示し，この町の議員という立場に立たせて交通事故削減への意識を高めるようにする。

○交通事故を削減するためには，その原因を探る必要があることを想起させる。

2　個人解決・ペアでの分析（40分）

T　まず，少し個別に考えてみましょう（10分程度）。

T　ペアでどのような分析をすればよいかを話し合い，実際にデータを分析して交通事故の原因を探っていきましょう。

S　データを層別しながら複数の事柄を関連させて事故の原因を探っていく。例）年齢別で棒グラフをつくり，15〜20歳の事故件数が最も多いことを知り（図2），さらに交通手段で層別する（図3）。また，地図上で，15〜20歳の事故がどこで起こっているのかを見る（図4）。

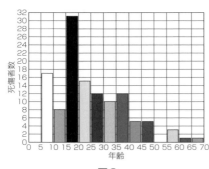

図2

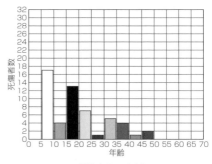

図3　「徒歩」の場合のみ

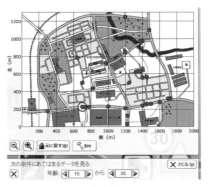
図4

○ソフトウェアの使い方を確認した上で，はじめに個別に考える時間を取る。
○2人で1台のパソコンを使用し，データを分析させる。わかったことは記録させる。
○層別していないペアには，他にわかることはないかと問いかけ，層別の必要性を感得させる。

第2時
3 グループでの提案書の作成
T　2ペアで1グループとなり，それぞれの分析結果から，どのような安全対策を講ずるかを4人で判断し，対策プランを作成しましょう。
S　例）・スクールゾーンをつくる
　　　・パトロールをする
　　　・スピード違反の取り締まりをする
　　　・自転車レーンをつくる
　　　　など

> 子どもを守る必要がある
> ①学校巡回パトロール
> ②スクールゾーンの標識
> ③自転車レーンの設置
>
> ①1年間(幼稚園・小学校のみ)　¥1400000
> ②3個　　　　　　　　　　　　¥ 200000
> ③600m　　　　　　　　　　　¥5040000
> 　　　　　　　　　　　合計　¥6640000

図5　対策プランの例

○安全対策例とその費用をまとめたプリント（資料1）を配付するとともに，プリントにない対策を考えてもよいことを伝える。その際，費用が妥当なものとなるように調べさせる。

○同じような仮説を立てている2例を取り上げ，根拠が明確なものと明確でないものを比較することで，根拠を明確に示すことの必要性を確認する。

安全対策にかかる経費の例

項目	経費	項目	経費
交通安全キャンペーン	1年間で 20,000 ポンド	押しボタン式 横断歩道	18,000 ポンド
信号機	1ジャンクション あたり 30,000 ポンド	自転車レーン	1mあたり 60 ポンド
ラウンドアバウト（小） 時速30 mph 以下の道路に	10,000 ポンド	スピードカメラ	25,000 ポンド
ラウンドアバウト（大）	40,500 ポンド	学校巡回パトロール	1年間で 5,000 ポンド
幅員減少	10,000 ポンド	スクールゾーン	標識1つにつき 300 ポンド
減速ハンプ （速度制限のための道路隆起） 時速30 mph 以下の道路に，50 m 間隔で設置	1台あたり 1,000 ポンド	ミラー	800 ポンド
ガードレール	4メートルあたり 500 ポンド	歩道の設置	1mあたり 60 ポンド
歩道橋	60,000 ポンド		

ラウンドアバウト：欧米諸国で用いられている交差点における交通システム

資料1

[第3時]

4 グループでの提案書の作成（前時の続き）

T 各グループの対策プランとその根拠を，グラフや地図を示して明確に説明できるようにしましょう。

S 例）画面をキャプチャーしながら，提案資料を作成する。

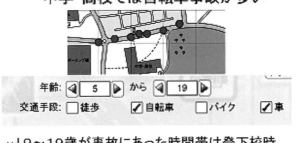

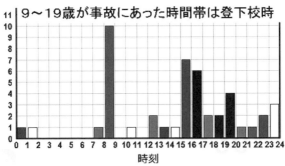

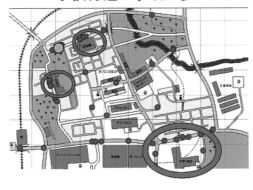

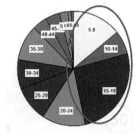

5〜19歳の人が45%くらい占めるので、もし全員助けられれば56人くらい助けられる。

第4時

5 グループの提案発表（35分）

T 各グループの提案を発表しましょう。対策プランとその根拠が整合し，町全体の対策を立てることができているかどうかを考えましょう。

■対策プランとその根拠を，グラフや図を用いて明確に説明することができる。

6 学級での合意形成（15分）

T みんなの発表を踏まえ，クラスとしての対策プランをまとめましょう。

○代表を選ぶのではなく，クラスで1つのプランを練り上げる。

S 例）○○班は，学校付近の対策プランとその根拠がよく整合していて，さらにこれらの対策のおかげで救える命まで考えられていてよかった。予算がまだ余っているので，これに学校付近以外の対策を加えればよいと思う。○○班の提案にあったように，商店・ショッピングセンター付近での事故を削減するために，信号機やミラーを設置すれば，予算的にもよい。

T 町全体への対策プランを提案することができましたね。この学習を通して，どのようなことを学んだのかを振り返って書きましょう。

○対策プランとその根拠が整合し，町全体の対策を立てることができたかどうかを評価させる。

■意思決定のプロセスを振り返り，変容を認識することができる。

（本田千春）

対象学年　**1年〜**　グローバル教育に関連づけて

水が一番たりないのはどの国かな？

１　問題場面

中近東及び北アフリカには，水資源が不足して困っている国がたくさんある。国際支援機関では，
アルジェリア
ヨルダン
トルコ
の３か国のうち，どの国が最も水を必要としているのかを考えている。
データを分析してどの国が最も水を必要としているのかを調べて国際支援機関に提案しよう。

国	人口 (100万人)	農業における 経済活動人口 (万人)	面積 (km²)	耕地面積 (km²)	１年間に 利用可能な 水 (km³)
アルジェリア	35	316	2,381,740	84,350	12
ヨルダン	6	12	89,320	2,830	1
トルコ	72	817	783,560	242,940	214
参考：日本	127	152	377,950	46,090	430

Bowland Maths.の教材の1つである「利用可能な水の量」を参考に，日本の中学生の実態に合わせて開発したものである。

データ分析者の立場で，各国における利用可能な水の量を公平に比較し，どの国が一番支援を必要としているのかを判断するための「指標」を作成することを目標とした教材である。「公平」という価値観を数学的にどう反映させるかが鍵となる。

本授業プランでは，各国の人口，面積，1年間に利用可能な水の量のデータの他に，農業が，人間の基本的な生活のために必要な水よりもはるかに多くの水を必要とするという状況を踏まえ，農業における経済活動人口，耕地面積のデータも与える。このことにより，創出される「指標」に多様性が出てくることが期待される。

なお，生徒の実態に応じて，創出した「指標」を用いて，3か国への水の配分を問題とするなどの工夫が考えられる。

❷ 意思決定を促す手立て

相互作用の質を高めるために，グループ解決の途中で他のグループの考えを知る機会を設ける。このことにより，一人当たりの利用可能な水の量を指標として用いる生徒に，農業で使う水に関する価値にまで迫って指標を考えさせるようにする。

❸ 授業展開例

1 目標

・水の配分の優先度を決めるための指標を作成することができる［B1・相3］
・作成した指標や優先度の根拠を説明することができる［B5・相2］

2 指導計画（2時間扱い）

	学習活動
第1時	・現実の世界の状況を解釈し，適切な変量をとらえ，仮説を立てる。
第2時	・数学的（統計的）手法を用いて指標をつくり，その指標に応じて水が一番たりない国を決定する。 ・根拠を明確にして結論を発表する。 ・根拠や結論を評価したり，自分たちの考えを振り返ったりして合意形成を図る。

3 主な発問と予想される生徒の反応（○指導上の留意点・■評価）

第1時

1 課題把握（15分）

T 中近東及び北アフリカの国々への水資源を提供するという任務を負った国際支援機関では，アルジェリア，ヨルダン，トルコの3か国のうち，どの国が最も水を必要としているのかを考えています。どのようなデータが必要ですか？

○国際支援機関へ提案するという意識をもたせる。

S 人口。
S 面積。
S 降雨量。
S ダムの貯水量。

T FAO（国際連合食糧農業機関）のAQUASTATという情報システムで公開されているデータから，必要な部分だけをとって，まとめた表を配付します。

T トルコは他の国と比べて，人口が一番多いことがわかります。トルコが

最も水を必要としていると判断してよいですか？
S　人口が多ければ確かに水がたくさん必要だけど，トルコは他の国と比べて1年間に利用可能な水がたくさんあるので，トルコが最も水不足とは言い切れない。
■必要な水の量に関係する変量を挙げることができる。
○農業における経済活動人口や1年間に利用可能な水の量などについて説明する。
○比較方法について簡単に意見交換をさせ，データを複合的に見る必要性を感得させる。

2　個人解決（35分）

T　どの国が最も水を必要としているのかを判断するために，データを分析しましょう。
S　一人当たり（100万人当たり）の利用可能な水の量を求め，最も少ない値のヨルダンが最も水を必要としている国であると判断する。
S　農業人口は2倍の水を使用すると仮定する。
S　農業のことも利用可能な水に含まれているから，農業に関することは考えなくてもよい。
■データを複合的に見ているか。
○途中で，指標を作成している生徒の考えを紹介し，そのよさを考えさせる。

第2時

3　グループでの合意形成（20分）

T　前の時間に，いろいろな指標をつくって考えていました。今日は，それぞれの考えを基にしながら，グループで指標を作成しましょう。だれの指標が一番よいかではなく，それぞれの指標を理解し，よりよい指標をつくりましょう。
○多数決などで，個人がつくった指標から1つを選ぶようなことがないようにする。

T 途中ですが，○○班に今考えていることを発表してもらいます。
S 私たちのグループには，農業人口は2倍の水を使用すると仮定している人と，農業のことも利用可能な水に含まれているから農業のことは考えなくてもよいという考えの人がいます。一人当たりの利用可能な水の量を指標にするのではなく，農業のことも考慮して指標をつくろうとしています。

○農業で使う水に関する価値にまで迫って指標を考えさせるようにするために，農業の水の扱いについて議論しているグループを指名する。

4 学級での合意形成（30分）

S A班：国ごとに，
「1年間に利用可能な水÷人口」と
「1年間に利用可能な水÷耕地面積」
を加えた値を指標とし，その値が最も小さいヨルダンと判断しました。

S B班：農業に従事している人は，一般の人よりも2倍の水を使用すると仮定し，
（1年間に利用可能な水）÷｛(人口)＋(農業における経済活動人口)｝
＝（100万人当たりが使用する水）
を指標としました。すると，ヨルダンになりました。

○すべてのグループに発表させるのではなく，特徴的な指標を作成しているものだけを発表させる。

T 発表を聞いて，質問や意見はありませんか？
S A班の指標では，2つの値には大きな差があるので，加えることに意味があるのか疑問です。2つの値を対等に扱えるように工夫する必要があります。

○A班の指標では「1年間に利用可能な水÷耕地面積」は効いていないことに気づかせ，価値観を数学的に反映し切れていない例として取り上げる。また，生徒の実態に応じて，データの標準化の考えにつなげる。

S B班は，農業に従事している人は，一般の人よりも2倍の水を使用する

と仮定したのはなぜですか？
S　農業は，普通の生活水より使用する量が多いと思ったから。でも，どのくらい多いのかは調べてみないとわからないので，今回は生活水の2倍必要だと仮定した。
S　私たちは，農業人口ではなく，耕地面積を使用したけれど，すべての耕地が必ずしも何かを育てているわけではないので，水を使わない耕地もあると思う。それに，農業で水を使うのは人だから，B班のように農業人口の方を利用すればよかったと思った。
○自分たちの指標と他のグループの指標を比べたり，発表された指標同士を比較・検討したりすることで，合意形成を図っていく。
T　農業に必要な水の量をどのように算出するか，仮定をおくことや仮定のおき方の重要性がわかりましたね。また，データから算出した値をそのままにしたり，ひいたりしてはいけないということにも気がつきましたね。この学習を通して，どのようなことを学んだのかを振り返って書きましょう。
■それぞれの指標のよい点や改善点を考えることができる。
■意思決定のプロセスを振り返り，変容を認識することができる。

(本田千春)

対象学年　1年～　　学校生活におけるデータの活用として

多くの人が満足する種目で球技大会を開こう！

❶ 問題場面

> 　ホームルームの時間に球技大会を行う。実施は男女別だが，種目は同一とする。次の4種目のうちのどれで実施するかを，アンケートの結果を基に決めよう。
> 　・バスケットボール　　　・バドミントン
> 　・バレーボール　　　　　・卓球

　クラスで行う球技大会の種目を，第一希望から第三希望まで回答するアンケートを実施し，その結果を用いて決める問題場面である。単純に第一希望の数が多い種目を選ぶことが，クラス全体の満足度を最も満たす方法であるとは限らない。順序をもったデータ（順序尺度データ）であることを踏まえて多くの人が満足するような結論を導き出すようにする。表計算ソフトなどを積極的に利用したい。

　なお，球技大会は，クラスではなく，学年全体で開催することも多いだろう。その場合，各クラスでの提案を1つに決め，総合的な学習の時間などを活用してそれを学年全体に対して発表させ，できるだけ多くの人が満足するような決め方を選ばせることなどが考えられる。さらに，種目を決めた後は当日の企画・運営が必要となる。そこまでを含めて，単元設計をすることも考えられる。

❷ 意思決定を促す手立て

他者との相互作用を促すために，本問題に対して，異なる決め方を考えた生徒でグループをつくり，多様な視点から分析する必要性や合意形成を図る必要性に気づかせる機会を設ける。

❸ 授業展開例

1 目標

・順序をもったデータであることを踏まえて，自分自身の意思決定の過程や方法，結果を解釈し，それらの妥当性を評価することができる［B４・相２］

2 指導計画（２時間扱い）

	学習活動
第１時	・各自でデータを基に，どの種目にするとよいかを分析する。
第２時	・異なる考えをもったメンバーでグループを構成し，各自の意見を基にしながら，できるだけ多くの人が満足する決め方を考える。 ・グループごとの意見を発表させ，できるだけ多くの人が満足する種目を選択する方法を決める。

3 主な発問と予想される生徒の反応（○指導上の留意点・■評価）

[第１時]

1 課題把握（25分）

T 先日行ったアンケートの結果を基に，できるだけ多くの人が満足するように，種目を決めましょう。どのような方法が考えられますか？
S 第一希望が最も多い種目にする。
S それでは，第二希望や第三希望を書いた意味がない。
S その種目が嫌だという人もいると思う。

S　アンケートの結果を見てみないと，何とも言えない。
T　これが40人分のアンケートの結果です。自分で整理し直してみましょう（A：バスケ，B：バドミントン，C：バレー，D：卓球とする）。
S　希望人数を表に整理する。

	第一	第二	第三
A	14	6	8
B	8	14	9
C	11	12	10
D	7	8	13

希望順位			人数
第一	第二	第三	
A	B	C	5
A	C	B	2
A	C	D	5
A	D	B	2
B	C	A	1
B	C	D	2
B	D	A	2
B	D	C	3
C	A	B	3
C	A	D	3
C	B	A	1
C	B	D	3
C	D	A	1
D	B	A	3
D	B	C	2
D	C	B	2

S　各希望の人数が多い順に並べる。

第一	第二	第三
A(14)	B(14)	D(13)
C(11)	C(12)	C(10)
B(8)	D(8)	B(9)
D(7)	A(6)	A(8)

T　どのような傾向がありますか？
S　第一希望が一番多いのはバスケだけど，第三希望までに挙げていない人が多い。
S　バレーは比較的みんなに受け入れられていそう。

> 多くの人が満足するためには，どの種目にするのがよいだろうか？

T　どのように決めるとよいかを考えましょう。そのような決め方をするとよいと考える理由も説明しましょう。
○アンケートは，種目の順位づけの理由も記入するようにして，事前に実施しておく。ただし，下記のように多様な考えが生じるように，生徒の実態に応じた種目にしておく必要がある。
○アンケート結果は，男女別に集計したものも別に準備しておき，必要に応じて提示することも考えられる。

○表計算ソフトを用いて集計させるとよい。
2 個人解決（25分）
S1　順位を得点化し，得点が高いバレーにする。

	3点	2点	1点	合計
A	42	12	8	62
B	24	28	9	61
C	33	24	10	67
D	21	16	13	50

S2　バスケとバレーを比べると，バスケの希望順位の方が高い生徒は5＋2＋5＋2＋2＋3で19人。バレーの希望順位の方が高い生徒は21人。同じように，2種目ずつ比較すると，バスケとバレーが2勝で，バスケ：バレーだとバレーが勝ちなので，バレーにする。

	A	B	C	D
A:B	21	19		
A:C	19		21	
A:D	22			18
B:C		20	20	
B:D		22		18
C:D			26	14

S3　バスケ，バドミントン，バレーは僅差なので，別の要因を考える。
S3-1　個人の責任の負担を少なくする。
S3-2　難しい競技は避ける。
S3-3　審判をできる人の人数を考慮する。
○アンケートに書いてある理由なども考慮することを伝える。
○理由を考えさせることによって，人数以外の背景要因にも目を向けさせ，価値観を創出させる。
■自分なりの方法を考えることができる。

第2時
3　グループでの合意形成（25分）
T　グループ内で，各自の意見を発表して下さい。そして，グループで1つの提案をして下さい。

S　数値で示すと説得力がありそう。
S　別の要因もできるだけ数値化すると決めやすい。
S3-1　競技人数に対する個人の割合を個人の負担とする（バスケ：1/5，バレー：1/6，バドミントン・卓球：1）。
S3-2　基本的な動作（ドリブル，レシーブなど）の難易度を数値化して合算し，各競技の難易度とする。
S3-3　審判ができる人数を得点として加える。
S　S1，S2とS3のどれかを組み合わせる。

4　学級での合意形成（25分）

T　各グループの考えを発表して下さい。
〇前時に，ワークシートやノートを集め，異なる考えの生徒で構成したグループをあらかじめつくっておく。
〇グループで選択した方法の根拠を記録させる。
S　（略）
T　多くの人が満足するのは，どのような決め方でしょうか？
S　数値化しているもの。
S　いろいろな視点から分析しているもの。
S　理由がはっきりしているもの。
T　ということは，どの種目になりますか？
T　多くの考えを聞き，議論をしました。その結果を踏まえて，みんなに最も満足してもらえそうな決め方を考え，最終的な考えをまとめましょう。
T　この学習を通して，どのようなことを学びましたか？　振り返って，まとめましょう。
S　順序がついたデータの場合，多数決が最もよい方法とは限らない。様々な意見や要因を数値化し，それらを踏まえて結論を出すことが大切。
■根拠を明確にして，できるだけ多くの人が満足するような決め方を考えることができる。

（成田慎之介）

| 対象学年 | 1年〜 | 学校生活におけるデータの収集と活用として |

印刷機は買い替えるべきかな？

❶ 問題場面

Y中学校の生徒会室には印刷機がある。この印刷機は，生徒会や委員会活動，部活動に関する印刷をする目的で，2年前から導入された。特に学校行事の前後は重宝されている一方で，もう少し性能のよいものを導入すべきであるという声も上がっている。

買い替えるべきか，買い替えるならどの機種にするとよいかを考え，生徒会に提案しよう。

	現コピー機	品番 HA400	品番 HA500	品番 HA800
プリント速度	50〜110枚/分	60〜120枚/分	60〜130枚/分 180枚/分（高速）	70〜130枚/分
消費電力	最大　　300W 待機時　 20W スリープ時 5W	350W 20W 2W	400W 40W 2W	600W 80W 2W
本体価格	110万円	150万円	190万円	220万円
ランニングコスト	15万円/年	10万円/年	8万円/年	単色：8万円/年 2色：10万円/年
耐用年数	5年	5年	5年	5年

　何を重視するか（価値観）に基づいて指標を作成したり，グラフや表などを用いて使用年数によるコストの変化を視覚化したりしながら，買い替えるべきかどうかを検討する。

例えば，本体価格とランニングコスト（消耗品の費用も含む）のみで判断しようとする考えに対して，消費電力や耐用年数，さらには，校内でのアンケート調査の結果を加味することなどが考えられる。何を重視するかによって，結論は異なってくるため，自ずと合意を得なければならない状況が生まれる。

❷ 意思決定を促す手立て

　多様な価値観を顕在化させるために，アンケート調査を実施する。例えば，「生徒会室の印刷機に何を求めますか？」と問い，印刷の速さ，起動時間，カラー，印刷可能なサイズなどの様々な考えを知り，その背景にある価値観について考える機会とする。

❸ 授業展開例

1　目標
・意思決定に必要な情報を考え，多様な視点から，数学の問題として定式化することができる［B1・相3］
・他者との価値観の違いを理解し，自分自身の意思決定の過程や方法，結果を解釈し，それらの妥当性を評価することができる［B4・相3］

2　指導計画（2時間扱い）

	学習活動
第1時	・課題把握をして，判断に必要な情報を整理するとともに，アンケートの項目を考える。
第2時	・収集した情報を基に，買い替えるべきか，どの機種にするかを考える。 ・何を重視した考えかを明確にした上で，クラスの案を決める。

3 主な発問と予想される生徒の反応（○指導上の留意点・■評価）

[第1時]

1 課題把握（25分）

T 生徒会室の印刷機を，もう少し性能のいいものにしてほしいという声があるようですが，買い替えるべきでしょうか？

S 印刷が遅くて，かなりの時間待ったことがある。もっと性能のいいものにした方がよい。

S まだ使えるなら，使い続けるべき。

S 投票して，多数決で決めればよい。

S 印刷機の価格もわからないと，判断できない。

T 他にどんな情報が必要でしょうか？

S 予算。

S インク代。

S 今のコピー機があとどのくらい使えるのか。

S 新しい印刷機の価格や性能。

T 価格や性能は，このようになっています（資料を提示）。

S 「HA800」は2色で刷れるので，魅力的。

S 本体価格が高くてもずっと使えるなら，性能のいいものがよい。

S 本体価格が2倍は高すぎる。

S 電気代は生徒会で払うわけではないから，考えなくてもよいのでは？

T 買い替えるにしても，買い替えないにしても，みんなが納得できる理由が必要ですね。どうしたらよいでしょうか？

S どれくらい得かを計算して説明すればよい。

S そもそも，「もう少し性能のいいものにしてほしい」と思っている人がどのくらいいて，どのような性能にしてほしいのかを知る必要がある。

T それはどうやって調べますか？

S アンケートをとる。

○はじめは表は提示せずに，判断の根拠となる情報が不足していることを認

識させる。
■判断をする上で根拠となる情報を見いだすことできる。
○ペアで表の情報を解釈する時間を取り,わからない点は質問するように促す。

2 アンケートの質問項目づくり（25分）

T　どのようなアンケートにしますか？　質問項目を考えましょう。
S　「買い替えるべきだと思いますか？」と尋ねて,「はい」「いいえ」を答えてもらう。
S　それでは,私たちが今考えている状況と変わらないから,ちゃんとした判断にはならない。
S　「生徒会室の印刷機に満足していますか？」と尋ねて,「とても満足している」「満足している」「不満がある」「とても不満がある」の中から選んでもらう。
S　遅いからとか,カラーがほしいとか,理由も書いてもらった方がよい。
○学級で1つのアンケートにして,次時までに実施する。

第2時

3 個人解決（20分）

T　アンケートの結果は,このようになりました。この結果も含めて,買い替えるべきかどうかを考え,その理由も書きましょう。
S　買い替えないべき。印刷機の寿命は,約5年だとわかった。ランニングコストが10万円のものに替えても,年間で15－10＝5（万円）,5年間では25万円しか安くならない。さらに,買い替えると消費電力も増える。
S　買い替えると,最大や待機時の消費電力は増えるけど,実際はスリープの時間が長い。その3（W）の差は,積み重なれば大きくなるから,買い替える。
S　「HA800」にすべき。2色だし,速度も速い。
S　「HA500」にすべき。アンケートでは,「速さ」を重視したい人が一番

多かった。
○アンケートの集計も授業時間で行うことも考えられる。
○必要に応じて，電気代（例えば，23円／kWh）に関する情報を与える。

4　学級での合意形成と振り返り（30分）

T　発表してもらいます。それぞれの人が，何を重視して結論を出しているかを考えましょう。

S　（略）

T　生徒会にはどのような案を提出しますか？

S　5年が寿命なので，「HA800」の本体価格220万円は高すぎる。

S　実際，授業時間外にしか使えないから，使う人で並んで待つこともある。やはりアンケートの結果通り，速さを重視したい。

S　そのどちらの意見も生かすと，「HA500」がよさそう。

T　自分の考えがどのような理由で，どのように変わったか，あるいは変わらなかったかを振り返って書きましょう。

○「価格」を重視した考え，「性能」を重視した考え，「アンケート結果」を重視した考え，複数の項目のバランスをとる考えなどを取り上げる。

■意思決定のプロセスを振り返り，変容を認識することができる。

　　　　　　　　　　　　　　　　　　　　（新井健使・中逸空・吉成優希）

| 対象学年 | 1年～ | 学校生活における質的データの活用として |

監督になってバスケットボールの選手を選ぼう！

❶ 問題場面

　ある中学校のバスケットボール部は，部員数8名で活動している。次の大会に向けて，監督は試合に出る5名を選出しなければならない。

　下の表は，各選手について，身長，最近1か月の練習試合での得点合計，及び，監督による評価をまとめたものである。選手を選んだ理由については，選手の保護者の前で説明しなければならない。そこで，監督は表に基づき，選手を選ぶことにした。②，③，⑥の3名をすでに選び，あと2名を決めかねている。

　あなたが監督であるとして，どの2名を選手に選ぶか。また，その2名の選手を選んだ理由について，保護者の前でどのように説明するか。

選手	身長(cm)	得点(点)	監督による評価（A：優れている，B：ふつう，C：やや劣る）					
			スピード	スタミナ	シュートのうまさ	ディフェンス	ミスの少なさ	部活動出席率
①	175	4	C	B	B	B	A	A
②	172	10	A	B	B	A	B	A
③	164	18	B	B	A	B	A	A
④	161	8	C	A	C	A	B	A
⑤	156	20	A	A	A	C	B	C
⑥	150	24	A	B	A	A	A	B
⑦	146	8	A	B	C	A	A	A
⑧	138	14	A	C	A	B	B	B

本問題において，生徒は，身長，得点数，監督による6つの評価項目を基に，選手を選抜する方法を考え出す必要がある。また，「保護者への説明」という制約を設けていることから，根拠を明確にし，第三者に説得力のある形で選抜した理由を説明しなければならない。

　バスケットボールについての知識や経験については個人差があるが，選抜するために用いる項目は一般的な内容になっているため，それほど問題とはならないだろう。監督による評価項目に「部活動出席率」があることで，部活動に対する生徒の考え方が顕在化し，試合に勝つことに価値をおくだけでなく，部活動としてあるべき選手の姿に価値をおくという考え方も出てくるだろう。すなわち，どのようなことを重視したチームを目指すかによって，選抜方法が変わってくるのである。例えば，攻撃重視や守備重視，参加率重視などである。

　扱う数学の内容としては，各項目を数値化する際に「正負の数」を用いたり，それらを合算する際に「割合」や「比」を用いたりすることが考えられる。また，様々な価値観に基づいた結論について，それぞれの考え方のよさを認めつつ，合意形成を図っていくという点では，より客観的・論理的な思考・判断が求められる。その意味で，学年に応じた生徒の思考の違いがみられることも予想される。

❷ 意思決定を促す手立て

　他者との相互作用を促進することを意図し，次のような機会を設ける。

　第一に，グループ内での議論の機会を設ける。具体的には，個別にどの選手を選ぶかとその理由を考えさせ，そのいくつかについて共有した上で，3〜4人のグループで互いの考えを聞き，議論させる。このことにより，各自の方針によって判断が異なることを顕在化させる。その上で，グループとしての方針を1つに絞らせ，その方針に基づいた判断をし，その理由を考えさせる。

第二に，グループ間の交流の機会を設ける。具体的には，各グループがどの選手を選んだかを確認した上で，各グループ1名の発表者を残し，他の生徒は興味のあるグループの発表を聞きに行き，その場で議論をする。これを2回行う。このことにより，自分とは異なる方針の考えとの交流を図る。さらに，特徴的な視点で判断しているいくつかのグループに全体で発表させ，他者との相互作用を促す。そして，「最も説得力のある選出方法はどれか」という合意形成のための視点をもたせ，自分の考えについてもう一度整理し直し，改めて最終的な判断とその理由についてまとめさせる。

❸ 授業展開例

1 目標
- 問題場面に即して自分で設定した方針（価値観）に基づいて，根拠とする指標をつくることができる［B1・相3］
- 選抜の方法や根拠の合理性（説得力）を，問題場面に照らして評価することができる［B4・相3］

2 指導計画（2時間扱い）

	学習活動
第1時	・問題に対する判断とその理由について，各自の考えをもたせる。 ・3～4人のグループで互いの考えを聞き合い，議論をする。
第2時	・グループとしての方針を1つに絞り，判断とその理由を考え，画用紙に要点をまとめる。 ・各グループ1名の発表者を残し，他の生徒は興味のあるグループの発表を聞きに行き，その場で議論をする（2回行う）。 ・特徴的な視点で判断しているグループの発表を聞く。 ・自分の考えについてもう一度整理し直し，改めて最終的な判断とその理由についてまとめる。

3 主な発問と予想される生徒の反応（○指導上の留意点・■評価）

第1時

1 課題把握（8分）

T　T中学校のバスケットボール部の顧問の先生が，8名の選手の中から，試合に出る5名を選抜するのに，あと2名をだれにするか決めかねています。同じような場面を見たり聞いたりしたことはありませんか？

○選手の選抜にかかわる話題や経験を想起させる。

S　この前の大会で同じことがあった。

S　ワールドカップ日本代表の選手選考と似ている。

T　そうですね。この先生は，とても悩んでいます。後日，保護者の前で説明しなければならないからです。どのような説明であればよいでしょうか？

S　説得力のあるような説明をする。

S　根拠をはっきりさせて説明する。

T　納得してもらうには，根拠を明らかにして説明する必要がありますね。そこで，8名の身長，最近1か月の練習試合での得点，監督が3段階評価をした6つの項目を基に説明したいと思います。

> 監督の立場で考え，どの選手を選ぶか決めよう。また，その理由について説明しよう。

○各選手の身長と得点，監督による6つの評価項目を基にして判断することを確認する。

2 個人解決（12分）

T　選ぶ2選手を決め，選んだ根拠を明らかにして説明を書きましょう。

○選手と選んだ理由を書かせる。

■根拠に基づいて説明できる。

3 グループ内での発表・議論（25分）

T　自分の考えをグループ内で発表してもらいます。発表者と記録者を決め

て，順番に回して下さい。記録者は配付した画用紙に発表された結論と
　　その理由を，グループの人がわかるように簡潔にまとめて書きます。
T　全員の発表が終わったら，それぞれの考えについて質問や意見を出して
　　議論しましょう。
○発表者と記録者を順番に回し，四つ切り画用紙に記録をとらせる。
○根拠が明確であるか，説得力があるかに着目するように促す。

4　学級全体での論点の整理（5分）

T　どのような説明なら説得力があるでしょうか？
S　客観性のある理由なら，納得してもらえる。
S　例えば，数値で示すとわかりやすい。
T　グループ内に数値で示した人はいましたか？
S　監督の評価で，Aを3点，Bを2点，Cを1点として計算しました。
T　意見が合わないグループもありましたが，それはなぜでしょうか？
S　人によって，能力重視や出席率重視など，方針が違うから，結論も変わ
　　ってくる。
T　なるほど。では，次回は各グループで方針を1つに絞ってもらいます。
　　自分の考えとは異なるかもしれませんが，絞った1つの方針に基づいて
　　グループとしての結論を出してもらいます。
○論点の整理をするとともに，次時の確認をする。
○数値化のアイデアを共有する。
○方針によって結論が異なることを全体で確認する。

第2時

5　グループでの合意形成（20分）

T　各グループで話し合って，方針を1つに絞りましょう。その方針に基づ
　　いて，どの選手を選ぶかを決め，保護者の方が納得できる，説得力のあ
　　る説明をまとめて下さい。
○画用紙を準備し，グループの方針を簡潔に書かせ，選んだ選手と，その理

由がわかるようにする。
■方針に基づいて，判断の根拠となる指標をつくり，説明することができる。

6　グループ間の交流（15分）

T　グループでの結論とその理由について，グループ間で交流をしたいと思います。各グループの結論だけ発表してもらいます。
S　私たちのグループが選んだのは，5と7です。
S　僕たちのグループは，4と7です。
T　グループで1人が残って発表者となり，他の人は興味のあるグループに移動し，発表を聞いた後，集まったメンバーで議論します。2回行いますので，偏りがないように分かれましょう。
■選抜の方法や根拠の合理性（説得力）を，問題場面に照らして評価することができる。

7　学級全体での合意形成（15分）

T　特徴的な方針や根拠を示しているグループがいくつかあったので，発表してもらいます。
○多数派の考えや少数派の考えを把握しておき，教師が発表するグループを指定する。
S　（発表する）
T　どのような特徴がありましたか？
S　指標のつくり方が工夫されていた。　など
T　多くの考えを聞き，議論をしました。その結果を踏まえて，最も説得力のありそうな選出方法を考え，最終的な考えをまとめましょう。自分の考えが変わった点があれば，その理由も書きましょう。
■自分の結論や理由にどのような変容が見られたかを認識できる。

（櫻井順矢）

対象学年　1年〜　市民生活における活用，防災教育に関連づけて

津波避難施設の設置場所を考えよう！

❶ 問題場面

> 　地域の人が全員安全に避難するには，どのような津波避難施設をどこに建てたらよいだろうか。次のような視点を参考に，市役所に提案する資料を作成しよう。
> 視点A：津波避難施設の情報（避難施設の特徴や要件）
> 視点B：地域の情報（年齢別人口，避難経路，防災マニュアル）
> 視点C：大地震による被害想定（津波到達予想時間，津波の速さ・高さ，浸水範囲，避難行動のシミュレーション）
> 視点D：避難の方法（移動手段，避難開始までの時間，避難可能時間，避難可能距離）

　東日本大震災では，自動車を使って避難しようとした人が多かったため，道路渋滞が発生し，津波到達までに避難を完了することができなかった方々からも犠牲者が出た。そのため，自動車による避難を極力控えることを原則とする中で，地域住民が全員安全に避難できるようにするには，どのようにしたらよいのだろうか。解決策の1つに，津波避難施設の建設が挙げられる。
　本問題では，避難ビル，避難タワー，築山などの津波避難施設を，地域のどこに建設するかを考える。地域によっては，本問題の解決は実際に重要な内容となることも考えられる。そのために，後述する視点の問いの設定では，市役所や都道府県庁などの官公庁が公開しているデータを基に，現実味のあ

る問いとして構成したい。そして，それらの問いを考えることで，多面的に考察し，地域の市役所などに提言することを最終目標としたい。そうすることで，生徒にとっても真に必要感のある問題となるとともに，数学の有用性を感じられる経験となるだろう。

具体的には，避難状況や避難施設の設置場所を考えるために，地震発生からの経過時間と避難状況の関係を表したグラフを読み取ったり，統計データからお年寄りの人数を把握したり，比例の考えを用いて収容人員を算出したり，垂直二等分線の考えを用いて２つの避難施設から等距離にある地点を決めたりする。

❷ 意思決定を促す手立て

意思決定を行うには，限定的であっても，問題に対する自分の考えをもち，それを他者に説明することが大切である。

そのために，本授業では，問題を解決するために４つの視点を設定する。１グループ４人とし，グループ内でそれぞれの視点を担当する生徒を決める。視点ごとに生徒が集まり，その視点で設定した問いを解決し，自分の考えをもつ。その後，グループに戻って問題を解決する。最後に，学級全体で考えの交流を行う。

この学習過程をとることにより，自分の考えをもち，すべての生徒に対話の機会を保障することができる。

それぞれの視点の問いは，次の４種を地域の実態に合わせて作成する。

（視点Ａ）津波避難施設の情報
問い「津波避難施設にはどのような特徴があるか」
・既存の津波避難施設の情報
・津波避難施設（避難ビル，避難タワー，築山）の特徴（費用，収容人員，高さ，要援護者への配慮，平常時の利用方法など）に関する情報

（視点B）地域の情報

問い「地域にはどのような人が住んでいて，どのような避難通路があるか」

・jSTAT MAP（https://jstatmap.e-stat.go.jp/gis/nstac/）などを用いた地域の年齢別人口の情報
・年代別・性別人口，昼間人口・夜間人口，等高線が表示された地域の地図
・過去の津波被害（浸水範囲など）や地域の防災マニュアル，ハザードマップ

（視点C）大地震による被害想定

問い「大地震が起こると，地域はどのようになるのか」

・地域での大地震の想定震度，津波到達予想時間
・津波の高さ・速さとその浸水範囲の予測
・避難行動のシミュレーション（地震発生からの経過時間と避難状況の関係を表したグラフなど）

（視点D）避難の方法

問い「どのようにして避難したらよいか」

・地震発生から避難開始までの時間の設定
・徒歩，自動車の速さの設定，避難可能時間，避難可能距離

　これら4つの視点の問いについてわかったことを持ち寄り，「地域の人が全員安全に避難するには，どのような津波避難施設をどこに建てたらよいか」を考えさせる。

❸ 授業展開例

1 目標

・様々な視点に基づいて，安全な避難施設の場所を決めることを，数学の問題として翻訳することができる［B1・相2］
・意思決定の過程や方法，結果を解釈し，提案の妥当性を評価することができる［B4・相2］

2　指導計画（2時間扱い）

	学習活動
第1時	・自分たちの住む都道府県に大地震が起きたときの被害想定を知り，津波から避難する必要性を知る。 ・それぞれの視点ごとの問いに取り組み，「説明書」を作成する。
第2時	・グループ内で，視点ごとの問いの「説明書」について対話する。 ・「地域の人が全員安全に避難するには，どのような津波避難施設をどこに建てたらよいか」について，各グループ，学級全体で対話する。

3　主な発問と予想される生徒の反応（○指導上の留意点・■評価）

第1時

1　課題把握（15分）

T　もし大地震が起きたら，私たちの県では，どのようなことが起きるでしょうか？

S　津波が来る。

S　家の中のテレビや家具が倒れる。

T　私たちの中学校は，海が近いので，大地震が起きると，津波が来て浸水することが予想されています。県のホームページによると，この地域は約5ｍの津波が来ることが予想されています。

S　5ｍだと何階の高さになるのかな？

T　3階の床上くらいまであると思います。

S　ゆれがおさまったら，すぐ逃げなきゃ。

T　津波から逃れるために，津波避難施設があります。津波避難ビルや津波避難タワーというものです。これが近くにあれば，遠くまで逃げなくてもよいのですが，私たちの地域にはありません。どのような津波避難施設を，どこに建てたらよいでしょうか？

> 地域の人が全員安全に避難するには，どのような津波避難施設をどこに建てたらよいか？

○問題意識をもたせるために，各都道府県庁の防災情報から大地震時の被害想定データを取り出しておき，生徒に提示する。
○津波避難施設（ビル，タワー，築山）やそれを表す標識について，わかりやすいように写真を準備しておく。
○問題意識を高めるために，津波避難施設がどこにあるのかを知るとともに，自分たちの地域にはないことを確認させる。

2　視点ごとの「説明書」づくり（35分）

T　4人組のグループの中で，4つの視点の問いを分担します。
T　それぞれの視点別に，4人組のグループをつくり，その問いについての「説明書」をつくりましょう。
○学習意欲を大切にするために，視点は生徒に選ばせるようにする。
○説明書を作成しやすいように，各グループに地域の地図を配付し，必要に応じて使用してもよいことにする。
○現実感をもたせるために，視点A～Dでは，次のような資料を示す。

（視点A）
・避難施設の特徴や要件についてまとめた一覧表

（視点B）
・年齢別人口の地図
・等高線の入った地図
・防災マニュアル

（視点C）
・沿岸部での津波の速さや高さを示す資料
・避難行動のシミュレーションの資料

（視点D）
・東日本大震災時の道路，渋滞の様子，地域の住民，全員が歩いて避難できるわけではないことを示す資料

（視点Ａ）津波避難施設の情報
S　隣の町には，公園内に築山があるけど，この地域には，津波避難施設がない。
S　津波避難ビルは，費用は比較的高いけど，滞在可能な時間が長い。
S　津波避難タワーは，整備期間が短く，費用も比較的安い。

（視点Ｂ）地域の情報
S　僕たちの地域の人口は，3207人なんだ。
S　子どもとお年寄りの人数もわかる。
S　避難場所となっているところの標高も調べておきたい。
S　走行中の車は，南北に走っている自動車道の西側に逃げる必要がある。

（視点Ｃ）大地震による被害想定
S　沿岸部での津波の速さは時速30 km。オリンピック100 m 選手並みで，とても速い。
S　津波の高さが50 cm で多くの人が転倒することを書き込んでおこう。
S　避難行動シミュレーションの資料を見ると，自動車による避難が少ないほど避難完了率が高くなるのがわかる。
S　ビルやタワーの高いところまで昇る時間を10分間と考えると，目的地までの移動にかけることができる時間はそう多くない。

（視点Ｄ）避難の方法
S　東日本大震災のときには道路が車で大渋滞した。
S　ゆれがおさまってから，避難を開始するまでに10分くらいかかるかな？
S　大人数で移動すると速く歩くことができないから，分速60 m くらいに設定しよう。
S　お年寄りは車で避難する方がよい。どの道を通るとよいか地図にかいておこう。

第2時

3 津波避難施設の建設場所の意見書の作成（20分）

T 問題は「地域の人が全員安全に避難するには，どのような津波避難施設をどこに建てたらよいか」でしたね。この問題の答えを考えながら，それぞれの視点に分かれたグループでつくった「説明書」を，最初の4人組のグループの中で説明し合いましょう。

S 津波避難タワーは，設置する面積が広くなくてもいいんだね。費用も比較的安いね。他の施設はどうなんだろう？

S 地域にはお年寄りの数も結構多いね。全員収容できる避難施設にしないとダメだ。

S 津波の高さは5mもあるんだね。それがゆれてから40分後に来たとき，逃げられるかな？

S 歩く速さは分速60mで，20分あればどこまで逃げられるかな？

○グループでは単なる報告会とならないように，わからないことを積極的に質問するように促す。

○新たな知識をつくり出す対話となるように，問題を提示し，視点ごとの「説明書」を基に思考させ，意見書を完成させるようにする。

○意見書では，設置する津波避難施設の種類と建設する場所を地図上で示し，その理由を書くようにする。

4 学級での合意形成（30分）

T 各グループの意見書を黒板に貼って下さい。それぞれ設置する津波避難施設とその建設場所，理由を発表しましょう。

○発表が間延びしないようにするために，設置する津波避難施設と建設場所とその理由を簡潔に発表させる。発表後は，同じ考え同士でグルーピングして掲示する。

○それぞれのグループが，どのようなことを根拠に，設置する津波避難施設や位置を決めたかに着目するよう促すとともに，適宜，問いかける。

S 沿岸部の広い公園に標高10mの築山を建設する。そうすることで，沿

	岸部の住民500人やその周辺で仕事をしている人など，多くの人が避難することができる。
S	海や川の堤防から1kmほど離れた，地域の東側の公園のそばに津波避難タワーを建設する。ゆれがおさまってから10分後に避難を開始したとして，健康な人は分速60mで20分間歩いて1.2km移動できることから，沿岸部の人は無事避難できる。また，津波避難タワーは敷地の面積をあまり必要としないので，公園のそばに設置することができる。
S	地域をほぼ正方形とみなし，比較的人口が集中している北東から南西方向の対角線の中点を求め，そこから北東方向に1km，南西方向に1kmの地点に津波避難タワーを設置する。人口の9割をカバーしている。
S	お年寄りの方は歩くのが遅いのと，避難開始までに時間がかかるから，分速40mで15分間の避難とすると600mしか移動できない。600m以内のところに避難施設がなくてはいけない。
S	自分で歩けない人は車で避難するしかない。車がなかったり，渋滞していたりしたら困るから，避難できるビルの少ない地域の東側に津波避難タワーを建てる方がよい。
T	学級として，どのような案にしますか？　まとめて，市役所に提案しましょう。
○1つの案に絞りながら，その案の妥当性を再確認する。
S	東側の公園の近くに津波避難タワーを建てるとよい。お年寄りや介護など支援が必要な方も避難することができるから。
T	市役所への提案がまとまりましたね。この学習を通して，どのようなことを学んだのかを振り返って書きましょう。
■住民の様々な人の立場に立って施設と場所を考え，その意思決定の過程の妥当性を考えることができる。

（茂木悟）

対象学年 **1年〜** 市民生活における図形の活用として

歴史的な町並みに合う建物の高さを提案しよう！

❶ 問題場面

> 歴史的な町並みの景観を守るためには，建物の高さは何mまでに制限すればよいだろうか。
> 町並みに合う建物の高さを考え，町へ提案しよう。

　身近にある，歴史的な町並みを取り上げ，その景観の保存について考える場面である。

　京都の建物の高さに関する制限を参考にしながら，身近な地域における町並みの景観を守るための建物の高さの制限について考える。具体的には，空間に建物などを見取図や投影図に表し，そこから図形を抽出し，その性質を用いて考察する。どの位置からの景観を重視するのか，町としての生活のしやすさをどの程度考慮するのかなどによって，様々な「選択肢」が創出される。それらの背景にある価値観を顕在化させながら，自分たちの地域に合った高さの規制について学級で合意形成を図る。

❷ 意思決定を促す手立て

　建物の高さの制限の背景には，様々な価値観があることを意識させるために，京都の建築物の高さの規定が場所によって「10m，12m，15m，20m，25m，31m」の6パターンに分けられている（京都市都市計画法，平成

19.9) ことを取り上げる。

そして，市民に必要な都市機能や住民の土地利用への配慮など，生活の効率化や住環境面を考慮し，その土地に合った高さが決められていることに気づかせる。

さらに，身近な地域における建物の高さの制限について，どのような価値観のもとで考えているのかを顕在化し，その合理性を検討するために，グループでの検討の機会を設ける。その上で，学級での合意形成を図るようにする。

❸ 授業展開例

1 目標

- 様々な条件や仮定をおいて，建物の高さの制限を考えることができる［B1・相2］
- 身近な地域の実情に照らし合わせて，建物の高さの制限に関する意思決定の過程や方法，結果を解釈し，それらの合理性を評価することができる［B4・相2］

2 指導計画（2時間扱い）

	学習活動
第1時	・京都では，場所によって建物の高さの制限が異なる理由を考える。 ・身近な地域の地図から，必要な情報を取り出したり，条件や仮定をおいて建物の高さの制限を考えたりする。
第2時	・グループの中で，自分が考えた高さとその理由を伝え合い，それぞれの合理性について検討する。 ・グループの話し合いを基に，学級での合意形成を図る。

3　主な発問と予想される生徒の反応（○指導上の留意点・■評価）

第1時
1　課題把握（10分）

T　京都には，古都の町並みを保存するために，建物の高さを制限する規則があります。場所によって，建物の高さが制限されているのです。

○京都と大阪の写真を提示し，京都の町並みの特徴を考えさせる。

T　なぜそのような規則があるのでしょう？
S　古都らしさを守るため。
S　塔の後ろにビルが見えたら，古都らしさがなくなってしまう。
S　山際の方が低くなっているのはなぜだろう？
S　5山を守るためではないかしら？
S　町中に，30mを超える建物があるのはどうしてかな？
S　京都は古都でもあるけど，大都市でもあるから，ある程度は高い建物がないと，ホテルや企業は経営できないのでは…？
S　場所に応じた規制がされているようだ。

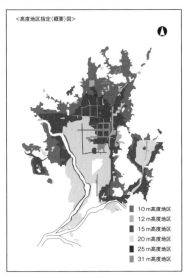

出典「京の景観ガイドライン■建築物の高さ編」（一部改変）
http://www.city.kyoto.lg.jp/tokei/cmsfiles/contents/0000146/146248/guide_takasa.pdf

○京都は観光地でもあるが，都市機能を兼ね備えた町でもあり，生活の効率化や生活環境の保全も考慮する必要があることを押さえる。

T　私たちの町の○○には，このような制限は残念ながらありません。○○の景観を保ち続けるために，建物の高さの規制を決めて町へ提言しましょう。

○○の建物は何メートルまでにすればよいだろうか？

2 個人解決①(15分)

S1 どこから見たときの景観を考えるかによって,その景観に影響する高さが変わることを見いださずに,制限を決める。
△△は15mだから,15m以下にすればよい。

S2 現在ある建物を基準にして考える。
私たちの学校は4階建てだから,1階を3.5mとすると,約14mになる。学校は景観を乱していなかったから,15mまでにすればよい。

S3 どこから見たときの景観を考えるかを決め,その地点からの景観を守るための高さを,図をかいて考える。

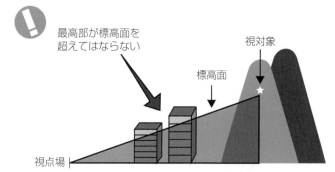

出典「京都の景観ルール―建築物等に関する規制と手続―」(一部改変)
http://www.city.kyoto.lg.jp/tokei/cmsfiles/contents/0000107/107773/ri-furetto.pdf

○地図を配付し,景観を保存したい具体的な建物などを確認しておく。
■条件や仮定をおいて,建物の高さの制限を考えることができる。

3 考え方の共有(10分)

T 何人かの人にどのように考えているかを発表してもらいます。
S (S1,S2,S3のような考え)
S S1だと,今ある建物も壊さなくてはいけなくなる。
S 病院などは場所を移すと不便だし,お金もかかる。
S 見る位置を指定すれば済むので,S3の考え方がよいと思う。
○何mに制限するかと,その理由について伝え合うようにする。

4 個人解決② (15分)

T それぞれで，もう少し考えてみましょう。次の時間は，グループで検討するので，自分の考えをまとめましょう。

第2時

5 グループ検討 (25分)

T 自分の考えをグループのメンバーに伝え，町にどのような提案するかを検討しましょう。
S 町全体の規制を統一しているけど，場所によって変える方がよい。
S マンションや病院はもっと大きいものがあった方がよいので，◇◇から見るときのことだけを考えればよい。
S ○○のシンボルだから，どこからでも見える方がよい。
○無理に1つの案にまとめるのではなく，建物の高さの制限を考える上で，どのような観点が重要かや合理的かについて検討するよう促す。

6 学級での合意形成 (25分)

T グループで話し合った結果を発表してもらいます。どのような理由で，どのような点を大切にしたかも説明しましょう。
T 多くの考えを聞き，議論をしました。その結果を踏まえて，町への提案にはどのようなことを書くとよいかを考えましょう。
○提案書の作成を「レポート課題」としてもよい。
■身近な地域の現状に照らし合わせて，建物の高さの制限に関する意思決定の過程や方法，結果を解釈し，それらの合理性を評価することができる。

(宮崎史和)

対象学年 1年〜　感性の数値化の方法として

親しみやすい蜂のキャラクターをつくろう！

❶ 問題場面

○○市は，はちみつが特産品である。このおいしいはちみつをより多くの人に知ってもらうため，親しみやすいキャラクターをつくって宣伝することになった。このキャラクターをより親しみやすくしよう。

　本題材は，「親しみやすさ」という抽象的で質的な概念を数量的にとらえ，統計的に「親しみやすい」キャラクターの制作を目指していくものである。具体的には，まず，目に焦点を当て，"目の位置"と"その目の位置がどの程度親しみやすいのか"という2点を数量化することを軸に，調査対象と方法，分析方法と結果の解釈，そして，最終的なキャラクターの作成を行う。
　アンケート調査や仮説検証型探究（仮説を立ててそれが正しいかどうかを検証する科学的探究方法の1つ）の学習という位置づけで，総合的な学習の時間に取り組ませることも可能である。

❷ 意思決定を促す手立て

　他者との相互作用の機会として，グループで親しみやすさの要因を考え，それを基にアンケートを設計する機会を設ける。「親しみやすさ」という人の感性を対象とするため，多様な視点のもとで，親しみやすさの要因やそれ

に基づくアンケートを検討することが鍵になるためである。さらに，アンケート結果もグループで分析し，グループ内での合意形成を図る。

❸ 授業展開例

1 目標
- 「親しみやすさ」の要因を考え，それを数量的にとらえるためのアンケートを設計することができる［B1・相3］
- アンケート結果を，統計的手法を用いて分析することができる［B3・相2］
- 解決までの過程と結果について根拠を明確にして説明することができる［B5・相2］

2 指導計画（4時間扱い）

	学習活動
第1時	・親しみやすい目の位置をデータに基づいて検討する。
第2時	・特性要因図をかいて親しみやすさの要因をまとめる。 ・特性要因図を基に仮説を立て，確かめるためのアンケートをつくる。
第3時	・アンケート結果を分析し，親しみやすいキャラクターを決める。 ・分析方法や結果を発表できるようにまとめる。
第4時	・グループごとに発表をする。 ・自分たちの方法を振り返る。

3 主な発問と予想される生徒の反応（○指導上の留意点・■評価）

第1時

1 課題把握（10分）

T 親しみやすいキャラクターには，どんなものがありますか？ 共通する特徴はありますか？

- S かわいい。
- S シンプルな顔。
- S 顔が大きい。
- S 目が大きい。
- T このキャラクターを，親しみやすいキャラクターにするには，どうしたらいいですか？

- S 口を大きくする。
- S 目を大きくする。
- S 目の位置を変える。
- T 目の位置をどう変えると，親しみやすくなるでしょうか？　まず，親しみやすいキャラクターの目の位置について考えてみましょう。

○「親しみ」をもたせ，大多数の人に受け入れられることを目指すことを明確にする。

○既存の人気キャラクターを見せるなどして特徴を探す活動も考えられる。

○議論が滞るようであれば，福笑いのようなものを用意して目の位置に着目させる。

2　解決の計画①（20分）

- T 親しみやすいキャラクターの目の位置を特定するために，いろいろな場所に目をかいてみましょう。目の形と大きさはどうしますか？
- S 同じにしないと，位置の比較にならない。
- T では，目の形と大きさは統一しましょう。

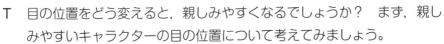

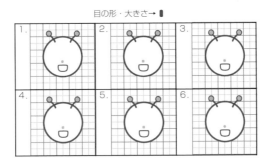

○目の形と大きさを示した，目だけを除いたアンケート用紙を用意し，記入させる。
○「目の大きさを同じにする」など，目の位置以外の条件をそろえることを確認する。

T　自分がかいたものの中で，一番親しみやすいものを選びましょう。その目の位置はどこですか？
S　縦の位置が真ん中のあたり。
S　縦の位置が真ん中より少し下の方で，少し目が離れている。
T　みんなで情報を共有するためには，目の位置をどのように伝えればよいでしょうか？
S　目の位置を定規で測ってみればよいと思う。
T　どのように測ればよいですか？
S　目の真ん中から測る。
S　横の長さも測って，割合で考える。

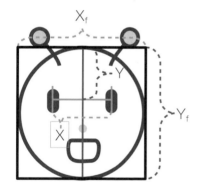

横の位置：X（目の中心から中心までの長さ）
縦の位置：Y（頭のてっぺんから目の中央）

○この他にも，目の位置を比で表す（例：X/X$_f$）ことで，顔の大きさの違いに対応させることも可能である。

3　グループでの分析（20分）

T　後で，クラス全員分のデータを集めます。そのデータを使ってどのように調べたらよいですか？
S　最も多い位置にする。

S　全員分のデータの平均値を計算する。
S　ヒストグラムをつくる。
T　例えば，このようなヒストグラムになったらどうしますか？
○教師が生徒に目の位置を聞いてPCに入力し，その場でヒストグラムを作成してもよい。
S　目の幅はバラツキが大きいから，どこでもよい。
S　縦の位置はバラツキが小さいから，平均値の場所でよい。

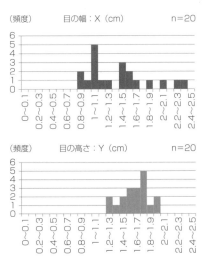

第2時

4　解決の計画②（30分）

T　前回の授業では「親しみやすさ」について，「目の位置が重要だ」という仮説のもと，位置を確かめました。もっと親しみやすくするために，どのようなことに着目したらいいですか？
S　目の大きさ。
S　口の形。
S　目と口のバランス。
T　どれも親しみやすさに影響しそうですね。これらの，原因の候補を「要因」と言います。このような「要因」をグループで考え，「特性要因図」（注参照）にまとめてみましょう。
S　例）

○付箋などを用意し，思いついた要因を挙げやすくする。
○「特性要因図」は例を挙げて説明する。

5　アンケートの作成（20分）

T　グループで，特性要因図の中から確かめてみたいものを２つ選びましょう。それを確かめるためのアンケートをつくりましょう。

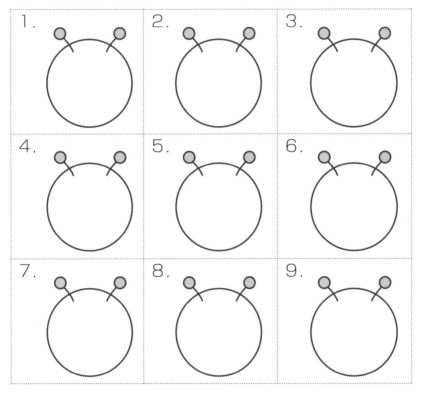

T　次回，お互いにアンケート調査をしてもらいます。今日中にアンケートを完成させて提出して下さい。

○顔の輪郭のみを示したアンケート用紙を用意し，記入させる。
○選んだ要因以外の条件をそろえることに気づかせるようにする。
○９つ全部使わなくてもよいことを確認する。
○提出されたアンケートを人数分印刷し，回答させ，回収する。

第3時

6　グループでの合意形成

T　回答してもらったアンケートを配付しました。グループで分析し，その結果に基づいて親しみやすいキャラクターにしましょう。

S　（略）

○各グループに，回答済みのアンケートを戻す。
○データに基づいて判断できているかを確認し，必要に応じて根拠を明確にするよう促す。

T　次の時間に，グループごとに発表してもらいます。結論や，そこに至るまでのプロセスをまとめましょう。

第4時

7　グループごとの発表（35分）

T　自分たちが選んだ要因と，それを確かめるためにどのような分析をして，最終的にどのようなキャラクターにしたかを発表しましょう。それぞれのグループのよい点・改善すべき点をメモしましょう。

○最初のグループの発表後に，次のような評価の視点について確認してもよい。
　・2つの仮説を別々に評価しているか，同時に作成しているか
　・要因を数量化して調査しているか
　・適切なグラフや統計値などを用いて分析できているか
　・最終的に親しみやすく改善できているか

8　振り返り（15分）

T　どの班の調べ方がよかったですか？　自分たちの結果と比べてどうですか？　自分たちの方法を振り返って，直した方がよい点はないか，もう一度やるとしたらどうするかを考えましょう。

T　この学習を通して，どのようなことを学んだのかを振り返って書きましょう。

○生徒の実態に応じて，2つの要因を計画的に確かめるための有効な方法として，次のような「二元配置実験」（実験計画法の1つ）があることを紹介する。

〈二元配置の例〉

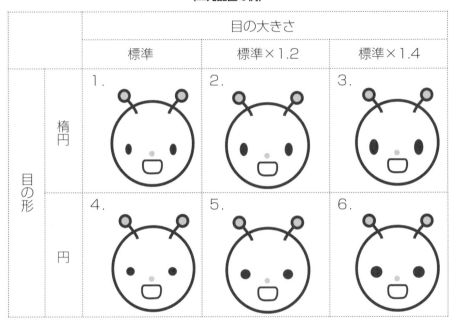

（山下雅代・新井健使）

〈注〉特性要因図（フィッシュボーン図）

　結果（特性）に行き着くまでの原因の候補（要因，もしくはプロセス）を網羅的に抽出することにより，総体的な因果関係の仮説を図示したもの。その形からフィッシュボーン図と呼ばれることもある。

　特性要因図の作成手順は次の通りである。
　1）要因をできるだけ多く挙げる
　2）近い関係にあるものをまとめる
　3）まとめたグループごとにふさわしい名前（中見出し）をつける
　4）中見出しの中で，関係があるものをまとめてグループ名をつける
　5）もう一度，要因にもれがないか考える

　この一連の作業を授業で実施する際には，付箋やそれを貼れる模造紙などを用意しておくとよい。また，要因を多く挙げる際にはブレーンストーミング法，グルーピングの際にはKJ法が役に立つので，参考にされたい。

対象学年 **2年〜** 消費生活における関数の活用として

ライバルに負けない割引券につくり変えよう！

❶ 問題場面

> ライバル関係にあるドラッグストアのヤスモトとアイジョーは、それぞれ次のような割引券を発行している。
>
> ［ヤスモト］
> **15% OFF**
> 購入金額に制限はありません。
> ご使用は一回限りとさせていただきます。
>
> ［アイジョー］
> 2000円以上のお買い物で，
> 　1回目は250円引き
> 　2回目は10% OFF
> 　3回目は400円引き
> となります。
>
> ライバルに負けない割引券につくり変えよう。

　2つの割引券を取り上げ，どちらで買った方が優位になるかについて考える。さらに，優位ではないドラッグストアの割引券の条件を変えて，優位になる割引券につくり変えることを考える。
　そのために，まず，現状では，顧客にとってどちらが得なのかを分析する。アイジョーの割引券は2000円未満では使用できないので，2000円以上の買い物をする場合について考える。例えば，アイジョーで1回目と3回目は2000円，2回目は2000円以上，合計で6000円以上の買い物をする場合と，ヤスモトで1回で6000円以上の買い物をする場合について，割引総額や支払総額を比較する。そして，このような比較結果を基に，優位ではないドラッグスト

アの支店長の立場に立って，ライバル店に負けない割引券にするにはどのようにつくり変えればよいかを考える。

❷ 意思決定を促す手立て

他者との相互作用の機会として現状ではどちらが得かを考える段階とどのようにつくり変えるかを考える段階のそれぞれについて，グループによる検討の機会を設ける。前者は様々な条件のもとで2つの割引券を比較・検討することを，後者は生徒が支店長であると仮定して地域の支店長の集まりを班と考え，どのような割引券をつくるかの合意形成を図ることを意図している。

❸ 授業展開例

1 目標
- 様々な条件を設定したり，変更したりして，2つの割引券を比較することができる［B1・相2］
- 割引総額や支払総額を，方程式や一次関数のグラフを用いて表すことができる［B2・相2］
- 自分自身の意思決定の過程や方法，結果を解釈し，それらの妥当性を評価することができる［B4・相2］

2 指導計画（2時間扱い）

	学習活動
第1時	・2つのドラッグストアの割引券のどちらが優位かを考える。
第2時	・優位ではないドラッグストアの割引券の条件を変更し，優位になる新しい割引券をつくる。

3 主な発問と予想される生徒の反応（○指導上の留意点・■評価）

第1時

1 課題把握（10分）

T ドラッグストアの「ヤスモト」と「アイジョー」は，それぞれ割引券を発行しています。もしどちらのドラッグストアも同じものを同じ価格で売っているとしたら，どちらの店を選びますか？

S 2000円未満の買い物ならヤスモト。

S 買い物の回数が多いならアイジョー。

S 買い物額が大きいときはヤスモト。

S アイジョーで2000円の買い物を3回する場合と，ヤスモトで同額を1回で使う場合を比べればよい。

T いろいろな場合を考える必要がありそうです。まず，アイジョーでは1回目と3回目は2000円の買い物を，2回目は2000円以上の買い物をする（条件①）として，また，ヤスモトでは同額の買い物を1回でする（条件②）として，比較してみましょう。その後で，この条件を変えてみましょう。

○割引券の使い方について確認する。

■2種類の割引券を，様々な条件を設定し，比較する必要性に気づく。

2 個人解決①（25分）

S1 アイジョーで，2回目は x 円の買い物をする場合。

S1-1 〔表をつくる〕
ヤスモトで買った方が得。

x	ヤスモト	アイジョー
2000	900	850
2100	915	860
2200	930	870

S1-2 〔割引額が等しくなる場合を求める〕

$0.15(4000+x)=650+0.1x$　　$x=1000$

$x \geqq 2000$ なので，等しくなる場合はない。

S1-3 〔それぞれの割引額をy円として，関
数に表す〕
ヤスモト　：$y=0.15x+600$
アイジョー：$y=0.1x+650$
２つのグラフの交点の座標は，(1000，750)
ヤスモトで買った方が得。
○支払総額は，それぞれy円とすると，
$y=0.85x+3400$，$y=0.9x+3350$になる。
２つのグラフの交点の座標は，(1000，4250)
S2　条件①を変更する場合。
S2-1 〔表をつくる〕

ヤスモトの割引額

2回目 \ 1回目と3回目の買い物の合計額	4000	5000	6000	7000
2000	900	1050	1200	1350
2500	975	1125	1275	1425
3000	1050	1200	1350	1500
3500	1125	1275	1425	1575

アイジョーの割引額

2回目	
2000	850
2500	900
3000	950
3500	1000

１回目と３回目の買い物の合計額が大きいほど，ヤスモトの方が得。

S3　条件②を変更してヤスモトでも３回買い物をして２回目に割引券を使う。ともに２回目はx円の買い物をする場合。

S3-1 〔表をつくる〕

x	ヤスモト	アイジョー
2000	300	850
3000	450	950
4000	600	1050

S3-2 〔割引額が等しくなる場合を求める〕
　　　$0.15x = 650 + 0.1x$　$x = 13000$
　　　一度に13000円も買うことは滅多にないから，アイジョーの方が得。

3　グループでの検討（15分）

T　どのようなとき，どちらの割引券が得かについてグループで話し合いましょう。どのように考えたかも説明しましょう。
S　アイジョーで1回目と3回目は2000円の買い物をして，また，ヤスモトでは同額の買い物を1回ですると，ヤスモトの方が得。
S　支払総額で考えてもヤスモトの方が得。
S　1回目と3回目の2000円を変更してみたが，やはりヤスモトの方が得。
S　ヤスモトでも3回に分けて買い物をして，2回目に割引券を使うことにすると，13000円で割引額が等しくなる。それまではアイジョーの方が得。

[第2時]

4　個人解決②（20分）

T　お客さんにたくさん来てもらうためには，どうしたらよいでしょうか？
S　アイジョーの割引券なら，1回目と3回目の割引額を上げればよい。
S　2回目の割引率を高くすればよい。
S　ヤスモトは割引回数を増やせばよい。
T　どちらかの支店長の立場になって，ライバル店は割引券を変更しないとして，自分の店の割引券をどのように変えるかとよいかを考えましょう。
○優位になるために，割引券のどの数値を変更すればよいのかを問う。

S4　〔アイジョー〕
S4-1　アイジョーの1回目と3回目の割引額をそれぞれ350円，500円に増やす。1回目と3回目は2000円，2回目の買い物額をx円とし，割引額を比較する。(ヤスモト：$y=0.15x+600$，アイジョー：$y=0.1x+850$をグラフに表すと)$2000≦x≦5000$でアイジョーの割引券が優位になる。

S4-2 アイジョーの2回目の割引率を10％から13％に変更する。1回目と3回目は2000円，2回目の買い物額をx円とし，売上額（支払われる額）を比較する。（ヤスモト：$y=0.85x+3400$，アイジョー：$y=0.87x+3350$をグラフに表すと）$2000≦x≦2500$でアイジョーの値引券が優位になる。

S5 〔ヤスモト〕

S5-1 3回買って2回目だけ使うときに優位になるようにするために，アイジョーで毎回2000円の買い物をしたときの割引850円を超えるように43% OFF にする。

S5-2 3回使えることにして，どの回でも優位になるように割引率や割引額を設定する。

○3回とも15% OFF に変更すると考える生徒もいる。これは，アイジョーと同額の買い物を1回でする場合と同じである。

5 グループでの合意形成（30分）

T 支店長会議を開きます。店ごとに3～4名のグループになり，どのような割引券にするかを決めましょう。

S お客さんに伝わらないと意味がない。

S 〔アイジョー〕1回目を350円，2回目を500円にすると，2000円～5000円のとき，優位になる。

S 5000円以上買う人は少ないと思うので，ちょうどいい。

S 〔ヤスモト〕1回目は300円引き，2回目は15% OFF，3回目は450円引きにすれば，お客さんに伝わりやすい。

S それで利益が出るか心配だ。

T 今日の授業でみなさんの考えがどのように変わっていったのかについて，その理由も含めて，ワークシートに書きましょう。

■どのような考えのもと，どの条件を変更したのかを伝えることができる。
■意思決定の過程や方法，結果を解釈し，それらの妥当性を評価することができる。

(浜田兼造)

対象学年 **2年〜** 修学旅行や遠足の計画づくりに関連づけて

７つの世界文化遺産すべてを見学する修学旅行のプランをつくろう！

❶ 問題場面

> 修学旅行３日目の午前中は，京都市内にある世界文化遺産に登録されている寺社などを，班別にタクシーを利用して見学します。班で，見学プランをつくろう。

　修学旅行における見学ルートづくりの問題場面である。限られた時間の中で，どのような順序で回り，それぞれの見学にどのくらい時間をかけるかについて考える。具体的には，移動時間の目安が示されている「京都移動時間早見表」と，寺社などを点で表した「スケジュールマップ」を利用しながら，様々な条件や仮定を設定して計画を立てる。それらの条件や仮定の背景にある価値観を顕在化させながら，班での合意形成を図る。

❷ 意思決定を促す手立て

　ホームルームなどにおいて，班別にこの種の計画を立てさせると，各々の思いがあり，話し合いはするものの，最終的に日ごろの人間関係が影響し，一方的に妥協する生徒がいたり，じゃんけんや多数決で決めたりしている光景を目にすることが多い。

　条件や仮定について合意形成を図りながら見学プランをつくれるようにするために，本授業プランでは，まず，【金閣寺】【天龍寺】【清水寺】【銀閣

寺】【二条城】【東寺】【上賀茂神社】の７つを候補として挙げ，このすべてを回る見学プランを考えさせる。この過程で，７つすべてを見学することが可能なのかどうかを論点とする（７か所すべてを見学することはできない）。

次に，何を重視して（どのようなことに価値をおいて）見学プランをつくるのかを明確にするために，７つのうちのどの１か所を外すかを考えさせる。そして，それを基にしながら，自分たちの班の見学プランをつくる。

❸ 授業展開例

1 目標
・様々な条件や仮定をおいて，それらについての合意形成を図りながら，見学プランを考えることができる［Ｂ１・相３］

2 指導計画（２時間扱い）

	学習活動
第１時	・資料を用いて仮定を設定したり，必要な情報を取り出し関連づけたり，図式化して表現したりすることにより，数学的に処理する。 ・７つの世界文化遺産すべてを見学することが不可能であることに気づき，その根拠を説明する。
第２時	・６つの世界文化遺産すべてを見学するプランをつくる。 ・他の班の発表を聞き，それぞれの決め方のよさを認識し，見学プランを修正する。

3 主な発問と予想される生徒の反応（○指導上の留意点・■評価）

[第１時]

1 課題把握（20分）

T タクシーを使って次の７つの世界文化遺産を見学することにしました。
【金閣寺】【天龍寺】【清水寺】【銀閣寺】【二条城】【東寺】【上賀茂神社】
日程は次のようにします。見学プランを考えてみましょう。
・8：30に南禅寺をタクシーに乗り出発する。
・７か所の世界文化遺産を見学する。

・13：30までに京都駅に到着する（使用できる時間は5時間）。
○京都散策マップ及び7つの世界文化遺産写真を見せてイメージをもたせる。
○世界遺産をなるべくたくさん見学したいという思いをもたせる。
S　地図がほしい。
S　移動にかかる時間がわからないと，計画が立てられない。
S　それぞれの見学時間は何分ですか？
T　資料1は「京都移動時間早見表」です。見学場所の移動時間を表した表です。資料2は京都市内の寺社などがわかりやすく表示されている「スケジュールマップ」です。見学場所の駐車場に到着してからタクシーで出発するまでの時間は<u>30分</u>にしましょう。

	天龍寺	金閣寺	二条城	上賀茂神社	銀閣寺	南禅寺	清水寺	京都駅
								京都駅
							清水寺	20
						南禅寺	15	30
					銀閣寺	5	20	40
				上賀茂神社	25	25	30	40
			二条城	15	20	20	25	25
		金閣寺	15	15	30	35	35	35
	天龍寺	20	20	25	45	45	50	30
東寺	25	25	25	35	40	35	20	10

資料1　京都移動時間早見表

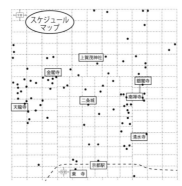

資料2　スケジュールマップ

○資料1，資料2の見方・使い方について確認する。

2 ペアによる検討（15分）
- S 7か所を時間内に見学するのは不可能だ。
- S1 資料1で移動時間を短い方から順に8個選び，それを合計すると115分になるので不可能だ。
- S2 樹形図より8回移動しなければならない。1回の移動に使える時間を算出すると，90÷8＝11.25（分）。資料1を見ると，15分以上の移動がほとんどなので，不可能だ。

■7か所すべてを見学することが不可能な理由を説明することができる。

3 学級での検討①（15分）
- T 見学プランはできましたか？
- S 7か所を時間内に見学するのは不可能です。
- T どうしてですか？
- S （S1やS2のような考え）
- T 7か所すべてを見学することが不可能なら，どうしますか？
- S どれかを外すしかない。
- T それでは，次の時間は，6か所を見学するプランをつくってみましょう。

第2時

4 グループでの検討（20分）
○ワークシートに移動時間・見学時間，合計の時間，見学ルートを書かせる。また，見学場所を外した理由を必ず記述するようにする。

- S 金閣寺，銀閣寺，清水寺，二条城は，全員が絶対行きたいと思っているよ。
- S 東寺，上賀茂神社，天龍寺の中から1つ外す。
- S 東寺を見学場所から外してみると，こんなふうになるけど，見学時間と移動時間の合計が310分になるからダメだ。

  南禅寺→銀閣寺→清水寺→二条城→上賀茂神社→金閣寺→天龍寺→京都駅

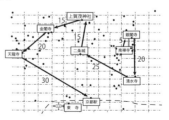

見学時間の合計30分×6=180分　　　移動時間の合計130分

S　天龍寺を見学場所から外してみた。見学時間と移動時間の合計が295分になので，この見学ルートは可能だ。

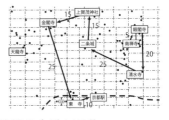

南禅寺→銀閣寺→清水寺→二条城→上賀茂神社→金閣寺→東寺→京都駅

見学時間の合計30分×6=180分　　　移動時間の合計115分

5　学級での検討②（10分）

T　どのような理由で，行かない1か所を決めましたか？
S　時間を優先した。
S　みんなが希望しなかったところにした。
S　行きたいところの優先順位を決め，その後，時間を調べて決めた。
T　時間を優先したり，行きたいところの優先順位を決めたり，いろいろな決め方があるようですね。今つくった見学プランでいいですね。
S　道路が渋滞していたりすることもありそうなので，もう少し余裕をみないと心配。
S　「1か所につきタクシーまでの移動時間も含めて30分」で考えていたけど，もっとゆっくり見学したいところもある。
T　そうですね。今つくった見学プランをさらに直してみましょう。

○行かない1か所の決め方を比較し，その背景にある価値観を明確にする。

6　グループによる合意形成（20分）

S　必ず行きたいところと，その見学時間から決める。
S　行き先は5つに減らして，その中でそれぞれの見学時間を決める。
S　タクシーの移動時間は，それぞれ5分追加して考える。　など
T　これまでの2時間の授業を振り返り，どのようなことを学びましたか？ワークシートに書きましょう。

■様々な条件や仮定をおいて，それらについての合意形成を図りながら，見学プランを考えることができる。

（浜田兼造）

対象学年 **3年**　市民生活におけるシミュレーションとして

富士山の入山料の赤字を解消しよう！

❶ 問題場面

　富士山が世界文化遺産登録を契機として，富士山の環境保全や登山者の安全対策などを図る目的で富士山5合目から上（山頂方面）を目指す登山者を対象に入山料（富士山保全協力金）を任意で1人当たり1000円徴収している。2013年の試験徴収を経て，2014年夏より本格実施された。
　山梨県側の登山者数（吉田口）と入山料徴収実績は，次の通りである。

	2013年	2014年	2015年
全登山者数	約31.0万人	約28.5万人	約23.4万人
吉田口ルート登山者数	約18.0万人	約17.1万人	約13.7万人
入山料収入額	約1900万円（試験徴収）	約11400万円	約7100万円
協力者数（概算）	約1.9万人	約11.4万人	約7.1万人
入山料実施期間	10日間	87日間	76日間

　しかし，2014年には20000万円の予算に対して約8600万円の赤字，2015年はその実績を受けて12500万円の予算としたが，約5400万円の赤字となっている。この赤字状態を解消するために，「A．入山料を上げる」「B．入山料を登山者全員徴収にする」「C．予算を見直す」の3つの対策を考えたい。
　あなたなら，これらの対策をどのように組み合わせて講じるか。

富士山の入山料（富士山保全協力金）は，5合目から山頂方面を目指す登山者を対象に，任意で1000円の徴収を呼びかけている。しかし，登山者数に対する協力者数の割合（以下，協力率）が5～6割程度であり，山梨県側で2014年に約8600万円，2015年（速報値）に約5400万円の赤字となっている。

　入山料を上げると，登山者数と協力率が減少することが予想される。入山料を登山者全員から徴収することにすると，協力率は100％となるが，登山者数が減少することが予想される。また，予算を見直すことは，赤字を直接減少させることにつながる。その際，登山者数の増減に伴ってトイレや救護所の必要数が変わることなども考慮することになる。

　生徒は，このような相互に関連する対策の効果をシミュレーションし，その結果に基づいて考えることとなる。

　ただし，入山料に対する登山者数の増減シミュレーションに際しては，様々な要因がかかわるため，授業で扱うことは難しい。そこで，京都大学の栗山浩一教授ら（2013年）による推定結果にある，図1のグラフと表のみを用いることにする。

※環境経済学の分野で開発の進められた評価手法「トラベルコスト法」を用いて推定している。これは訪問地までの旅費と訪問率の関係を用いて訪問価値を計測する手法である。それによると，入山料を500円にした影響により，訪問者が2％減少し，1000円にすると4％減少するとされている。

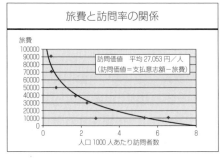

図1　入山料に対する登山者数の増減シミュレーション

❷ 意思決定を促す手立て

他者との相互作用を促進することを意図し，次のような機会を設ける。

第一に，グループ内での議論の機会を設ける。
具体的には，個別にどのように対策を講じるかを考えた後，3～4人のグループで互いの考えや理由を聞き，議論させる。このことにより，収入を増やすのか，予算を減らすのかなどの方針によって判断が異なってくることを顕在化させる。その上で，グループとしての方針を1つに絞らせ，それに基づいた判断とその理由を考えさせる。

第二に，グループ間の交流の機会を設ける。
具体的には，各グループがどの対策を組み合わせたかを発表させた上で，各グループ1名の発表者を残し，他の生徒は興味のあるグループの発表を聞きに行って議論する。これを2回行う。このことにより，自分とは異なる方針の考えとの交流を図る。

その上で，「みんなが最も納得してくれそうな組み合わせはどれか？」という合意形成のための視点をもたせ，最終的な判断とその理由についてまとめさせる。

❸ 授業展開例

1 目標

・問題場面に即して自分で設定した方針（価値観）に基づいて，根拠とする指標をつくることができる［B1・相2］
・自分たちの設定した方針（価値観）とそれに基づく判断の根拠が伝わるように，工夫して伝えることができる［B5・相2］

2 指導計画（2時間扱い）

	学習活動
第1時	・問題に対する判断とその理由について，各自の考えをもたせる。 ・3～4人のグループで互いの考えを聞き合い，議論する。
第2時	・グループとしての方針を1つに絞り，判断とその理由を考える。 ・各グループ1名の発表者を残し，他の生徒は興味のあるグループの発表を聞きに行き，その場で議論をする（2回行う）。 ・自分の考えについてもう一度整理し直し，改めて最終的な判断とその理由についてまとめる。

3 主な発問と予想される生徒の反応（○指導上の留意点・■評価）

[第1時]

1 課題把握（10分）

T　富士山保全協力金のことを知っていますか？
S　家族で登ったときに1000円ずつ払った。
S　全員払わなくていいんですよね。
T　そうです。任意で1000円を徴収しています。集めたお金は，トイレの新設・改修，救護所の拡充などに使われています。しかし，入山料の収益は，赤字状態が続いています。この赤字状態を解消するために，どのような対策を講じればよいでしょうか？

> 富士山の入山料収益の赤字状態を解消するために，3つの対策「A．入山料を上げる」「B．入山料を登山者全員徴収にする」「C．予算を見直す」をどのように組み合わせて講じればよいだろうか？

○入山料の認知度に応じて，丁寧に場面把握をする。
S　入山料を上げると，登山者数は減ると思う。
S　全員から徴収することにすると，登山者数は減ると思う。
S　予算を見直すと，赤字が解消できるかな？

T　入山料を500円上げたら，どのくらい登山者数が減るでしょうか？
S　2013年から2014年にかけて，入山料を0円から1000円に上げたとみると，18万人が17.1万人に約5％減少したとみることができる。500円上げたら，2.5％減少するのではないか。
○それぞれの対策で期待される効果について考えさせる。
○図1のシミュレーション結果を紹介してもよい。

2　個人解決（15分）

T　どの対策を組み合わせて講じるかという結論とその理由について，根拠を明らかにした説明を書きましょう。
■根拠に基づいて説明できる。

3　グループ内での発表・議論（25分）

T　自分の考えをグループ内で発表してもらいます。発表者と記録者を決めて，順番に回して下さい。記録者は配付した画用紙に，発表された結論とその理由を聞き取ってメモをします。
T　全員の発表が終わったら，それぞれの考えについて質問や意見を出して議論しましょう。
S　予算を減らそうと考える人と，収入を増やそうと考える人と2つの方針が考えられる。
S　方針が違うと，対策も変わってくる。
○発表者と記録者を順番に回し，四つ切り画用紙に記録を取らせる。

第2時

4　グループでの合意形成（20分）

グループの方針を決め，どの対策をどのように組み合わせて講じるか，また，その理由についての説明を考えよう。

T　予算を減らすか，収入を増やすかのどちらかの方針に絞るために，各グループで話し合って下さい。方針が決まったら，それに基づいて，どの

対策をどのように組み合わせるかを決め，わかりやすく理由をまとめて下さい。
○画用紙とマジックを準備する。
■方針に基づいて，判断の根拠となる指標をつくり，説明することができる。

5　グループ間の交流（15分）

T　グループの方針と，A〜Cのどの対策を講じるかを発表して下さい。
S　予算を減らす方針で，Cのみです。
S　収入を増やす方針で，AとBです。
T　各グループで発表者を1人決めましょう。その人以外は興味のあるグループに行き，発表を聞いて議論します。2回行いますので，偏りがないように分かれましょう。
○画用紙を見せながら発表させる。

6　学級全体での合意形成（15分）

T　いくつかのグループに発表してもらいます。
○あらかじめ各グループの考えを把握しておき，指名する。
S　（発表する）
S　比例を使ってうまく数値化されていた。　など
T　多くの考えを聞き，議論をしました。その結果を踏まえて，みなさんに最も納得してもらえそうな組み合わせを考え，最終的な考えをまとめましょう。自分の考えが変わった点があれば，その理由も書きましょう。
○最終的な結論とともに，学習感想を書かせる。
■自分の結論や理由にどのような変容が見られたかを認識できる。

（櫻井順矢）

第4章

これから求められる「資質・能力」の育成に向けて

グローバル化と問題解決能力の育成

Depaul University　高橋　昭彦

❶ 強調される問題解決能力の育成

　我が国の算数・数学教育において，問題解決能力の育成が叫ばれるようになって久しい。しかし，学校現場において，問題解決という言葉の意味が十分に理解され，主体的に問題を解決することのできる子どもを育てる授業が具体化されているとは言い難い。

　この背景には，これまでの算数・数学教育が，日々の授業を通して知識・理解・技能を身につけることに重点を置き，それがいかに定着しているかを評価することによって学習者の学力を数値化することを，過大に重視してきた経緯があると言えよう。さらに，このような知識・技能偏重の学校教育を通して，これまで長年の間に社会に定着してきた算数・数学科に対する固定観念が，問題解決能力を育成する上での授業改善に，大きな障害となっていることも事実である。また，このような固定観念によって，学校現場だけではなく，保護者を含めた社会全体が，自らのもつ教育観，そして，教科観を変えられず，時代に即応した算数・数学教育の改革を難しくしてきたと言える。

　本来，問題解決とは，単に身につけた知識・理解・技能を適用し，あらかじめ解答が1つに決められた問題を解くことのみを意味するものではない。むしろ，あらかじめ正解が定められていない問題に対して，身につけた様々な知識・理解・技能を駆使し，最も妥当と思われる解決の方法を自ら考え，実行し，その結果の妥当性を検証していくことこそが重要である。算数・数

学が，子どもにこのような問題解決能力を身につけることを目的にしていることを考えれば，知識・理解・技能の習得とその評価のみに多くの時間を費やしてきた，今日の教科教育を改めることが重要であることがわかるだろう。

このような真の問題解決能力育成の重要性は，80年代から強調されてきたことである。21世紀になった今，グローバル化が急速に進み，先進国はもちろん，発展途上国の教育現場でも，問題解決能力を育成することの重要性が，ますます強調されるようになってきた。これは，多様な民族，多様な地域，多様な宗教，そして，多様な国家間のかかわりが，交通機関やインターネットの発達により密接になり，これまでにだれも経験しなかったような問題が頻繁に起こるようになったことと，決して無関係ではない。

❷ 国際的な視点から見た本研究への期待と課題

真の問題解決能力の育成を求めながらも，なかなか教室で行われる算数・数学の授業で，問題解決能力を育てるような指導を実現することができない。このジレンマは，日本のみならず，世界の多くの国々が直面している課題である。

我が国の算数・数学教育，特に，小学校から中学校にかけて広く行われるようになってきた問題解決型の授業は，子どもが数学的な考え方を用いて問題を解決し，その過程で主体的に算数・数学を創造していく学習の可能性を示すことに成功したと言える。しかし，残念ながら，我が国の子どもが，与えられる内容や問題の解き方をただ待つのみでなく，算数・数学の問題を自ら考え，解決する能力を身につけるところにまで至っているとは言えない。事実，現在の教科書にある問題のほとんどが，あらかじめ正解が定められている問題ばかりであり，子どもが自らの考えで解決を見いだし，その妥当性を検証するような学習活動を，十分に保証するものとはなっていない。

本研究の目指す教材開発とそれを最大限に生かす指導法の開発は，まさに算数・数学教育に携わる研究者が，そして，我が国の学習指導要領を始めとする各国のカリキュラムが長年にわたって強調してきた問題解決能力の育成を具現化するために，重要な役割を担っている。

　子どもの日常生活にかかわる題材を観察し，そこに算数・数学の問題を見いだし，数学的な手法や論理的な考え方を駆使して自分なりの解決策を見いだす。そして，これを仲間との議論を通して検証し，より妥当性のある解決策を導き出す。このような一連の活動を，算数・数学のカリキュラムの中に意図的・計画的に位置づけることは，現在の知識・理解・技能の習得に大きく偏りすぎた算数・数学科の内容を，より時代の要請に応える形にしていく上で重要な研究である。

　従来の教科観にとらわれず，より積極的に身につけた算数・数学を活用し，さらにその過程を通して新しい算数・数学の内容を身につけていくような，カリキュラムの構築に向けた第一歩として，本研究の担う役割は重要な意義をもっているものとして，期待されている。

意思決定：その定式化の課題

独立行政法人統計センター　椿　広計

❶ 行動の対価と効用の数理的把握

　意思決定を行う際に，決定によってもたらされる状況の利得や価値がどのようなものかは，可能な限り定量的に議論されなければならない。

　自動販売機で110円のジュースを買うことは，110円以上の価値があると購買者が感じるから行うのである。自動販売機には，110円で買えるお茶，コーヒー，ジュースがあるとしたとき，その中でジュースを選ぶというのは，それが110円以上の価値を与える飲料の中で，そのときに最も価値が高いと考えるからである。

　一方，そこで飲料を買わないという選択を行うということは，110円を超える価値のある飲料がないということである。実際，自分のかばんに飲料が入っていれば，そこで飲み物を110円出して買うという意思決定の価値は，ほとんどないだろう。

　この種の意思決定に伴う対価は，客観的に明確だが，それがどのような主観価値を個人に与えるか，価値と対価の差である「効用（Utility）」がどの程度かというのは，個人や，個人が置かれた状況に依存している。しかし，初・中等教育の授業で，この種の主観的価値や効用の評価をどのように定式化するかと言ったら，複数の選択肢に順位をつけさせて，それぞれの効用に関する不等式条件を意識させるような操作があるだろう。効用が確定しない，不等式で示される不確かさをもつとしたら，その種の状況を確率分布で表現するといった工夫も可能となる。

❷ 不確かな状況のもとでの意思決定

本書の算数編に，次のような，どのイルカウォッチングツアーに行くかを決める授業プランがある。

次の4つのイルカウォッチングツアーのうち，どのツアーに行くかを決めよう。

ツアー名	遭遇回数(回)	出港回数(回)	満足(人)	アンケートに答えた人(人)
マリンワールド	18	20	41	50
ゴーゴーウォッチング	18	30	15	25
イルカクラブ	60	75	72	80
ドルフィンツアー	126	140	144	180

4つのツアーのイルカとの遭遇回数と満足度調査の結果という，複数の情報を加味し，自分が行きたいイルカウォッチングツアーを決定する場面である。このような意思決定に基づく効用自体が，イルカを実際に見ることができるか

否かで大きく変わる場合は，将来どのような事象が生じるかについて確率を導入し，効用の期待値，期待効用を最大化する行動を選択するといった定式化が有用になる。

イルカを確実に見ることの効用が5000円だったとする。もし，たまにしか見られないツアーの効用が1000円だとすれば，実は，後者のたまにしか見られないということは，主観確率20%で観測事象が生じていると考えていることになる。しかし，実際にイルカを見ることができる相対頻度情報が与えら

れていれば，客観確率と主観確率とのギャップから，効用の評価が誤っているという議論も可能となる。

また，この授業プランでは，客観確率も本来不確かさをもっていて，区間で示されるべき状況だということに気づかされる。二項分布は，初・中等教育で扱える確率分布である。イルカを観測できた相対頻度から，実際の観測確率にかかわる区間推定を行い，最善の期待効用と最悪の期待効用という，状況に応じた期待効用の不確かさを確率分布で把握することは，社会生活における意思決定にとって極めて重要である。

❸ 個人の意思決定から集団の意思決定へ

個人が集団あるいは社会を構成して一定の意思決定を行うことのメリットは，個々人が払う対価の総和が大きな社会効用を生むことにある。特に，集団がモノやサービスを共有してその効用を享受することが可能なら，社会の形成には大きな価値が生じる。もちろん，集団を形成することで団体割引のように対価が減少して，社会効用を増大させることもある。

一方，集団の意思決定は，通常，集団を構成する個々人の効用にばらつきを生じさせる。大きな効用を得られる個人もいれば，そうでない個人もいるという，不平等が発生するのである。特に個人が，自身が支払える対価だけで，より大きな効用を享受できるのならば，集団に属するメリットはない。集団全体の期待効用を可能な限り大きくするという数理的最適化問題に対して，いかに個々人の期待効用を一定以上にするかという，他者を慮る制約条件を考察させることが，集団を対象とした数理的意思決定教育では重要となる。

教科横断的な視座から見た課題

国立教育政策研究所　松原　憲治

❶ 教科横断的な視座の必要性

　本節では，まず，教科横断的な視座の必要性を示す。教科横断的な学習は決して目新しい取組ではないが，資質・能力の育成に基づく教育改革の中において，近年再評価されてきていると言える。

　資質・能力の育成を志向する際，教科横断的な視座が必要と考えられている。この点については，中央教育審議会において議論され，表のように「論点整理」の中で示されている。

表　資質・能力の育成と教科横断的な内容に関する学習

(教育課程全体を通しての取組)
○これからの時代に求められる資質・能力を育むためには，各教科等の学習とともに，教科横断的な視点で学習を成り立たせていくことが課題となる。そのため，各教科等における学習の充実はもとより，教科等間のつながりを捉えた学習を進める観点から，教科等間の内容事項について，相互の関連付けや横断を図る手立てや体制を整える必要がある。

出典　中央教育審議会教育課程企画特別部会「論点整理」，2015, p.22

　一方，諸外国においても，資質・能力を育成する学習活動の取組として，

教科横断的な内容に関する学習が示されている（梅澤，2015）。

　例えば，イギリスにおいては，小学校（初等学校）で教科別になっていても，実際には，教科を横断したトピックの学習として授業がなされている（新井，2015）。また，フィンランドでは，2016年度から実施予定の教育課程基準（改訂版）において，「教科横断的テーマ」が各教科内容に埋め込まれる形式となっている（渡邊，2015）。

　このように，国内外において，教科横断的な視座や学習内容は，資質・能力を育成する学習活動の観点から注目されている。

　では，なぜ資質・能力の育成のために，教科横断的な視座が必要なのだろうか。

　学校で子どもたちが学ぶ各教科等の知識や見方・考え方は，子どもたちが実社会で，よりよく生きていくことに寄与することが期待される。しかし，子どもたち自身が，各教科等の枠組みを越えて，それらを統合し，実社会の場面において活用することは，なかなか容易ではない。このことから，当該教科の枠組みを越えて，横断的な学習内容や文脈を，学校全体での取組や授業において意図的に用意することが求められるのである。

❷ 本研究の価値と課題

　本研究では，数学を軸に置きつつも，教科の枠組みを越えた教科横断的な学習内容や文脈を提示するために，具体的な教材，授業の原則，評価，そして，授業プランの例を示している。

　各教科で学習したことを統合し，総合的に判断することを子どもに任せるのではなく，教材や評価などによって，意図的に示すことを試みている。本研究の価値はそこにある。資質・能力の育成をより意識するためには，そのような場面を授業に設けることが重要である。

前述の「論点整理」では,

　教科等における学習は,知識・技能のみならず,それぞれの体系に応じた思考力・判断力・表現力等や情意・態度等を,それぞれの教科等の文脈に応じて育む役割を有している（2015, p.15）

と示している。本研究の成果を生かすことで,各教科における知識や見方・考え方などの固有性を大事にしつつ,統合性や実世界との関連を意識した教科横断的な内容を,総合的な学習の時間のみならず,各教科の中に位置づけることができるようになると考えられる。

　課題及び期待としては,理論的な検討と授業現場における実践の双方からの知見により,各教科における知識や見方・考え方などの固有性と統合性や実世界との関連の間におけるバランスについて検討を続けること,技術や社会等も含めたより幅の広い教科横断的な視座を組み入れることを挙げたい。

〈引用・参考文献〉
・新井浅浩（2015）イギリス（イングランド）梅澤敦（研究代表）「諸外国の教育課程と学習活動」,『国立教育政策研究所平成27年度調査研究等特別推進経費調査研究資料』, pp.10-11
・石井英真（2015）『今求められる学力と学びとは―コンピテンシー・ベースのカリキュラムの光と影―』,日本標準.
・梅澤敦（研究代表）（2015）「諸外国の教育課程と学習活動」,『国立教育政策研究所平成27年度調査研究等特別推進経費調査研究資料』.
・中央教育審議会教育課程企画特別部会（2015）「論点整理」.
・渡邊あや（2015）フィンランド梅澤敦（研究代表）「諸外国の教育課程と学習活動」,『国立教育政策研究所平成27年度調査研究等特別推進経費調査研究資料』, pp.14-15

汎用的能力の視座から

国立教育政策研究所　後藤　顕一

❶ 資質・能力を育成する学びに向けて

　国では，これから求められる資質・能力に向けて「何ができるようになるか」という視点で要素の整理をしている（中央教育審議会，2015）。

ⅰ）何を知っているか，何ができるか（個別の知識・技能）
ⅱ）知っていること・できることをどう使うか（思考力・判断力・表現力等）
ⅲ）どのように社会・世界と関わり，よりよい人生を送るか（学びに向かう力，人間性等）

　向かうべき目標であるⅲ）の説明として，

　資質・能力を，どのような方向性で働かせていくかを決定付ける重要な要素であり，以下のような情意や態度等に関わるものが含まれる。
・主体的に学習に取り組む態度も含めた学びに向かう力や，自己の感情や行動を統制する能力，自らの思考のプロセス等を客観的に捉える力など，いわゆる「メタ認知」に関するもの。
・多様性を尊重する態度と互いのよさを生かして協働する力，持続可能な社会づくりに向けた態度，リーダーシップやチームワーク，感性，優しさや思いやりなど，人間性等に関するもの。

としている。

これらの求められる資質・能力は，学校生活全体にかかわるものであり，教科においても教科を横断するような能力，すなわち，汎用的能力であると言える。

　このような汎用的能力を育成するためには，「何を学ぶのか」といった目標・内容を明確にするとともに，「どのように学ぶのか」といった学習者が主体的・協働的に学ぶことができるように不断の授業改善を行う必要がある。さらに，それぞれのつながりを意識し，学習評価につなげていくことが求められる。

　「何を学ぶのか」「どのように学ぶのか」については，教育課程全体を見通し，教科指導においても，日常や社会の様々な場面で活用できる体系化された知識・技能として身につけていく内容構造と育成を可能にする学習活動が求められる。

　そして，各教科等に関する個別の基礎的・基本的な知識・技能を着実に獲得することはもちろんのこと，既存の知識・技能と関連づけたり，組み合わせたりしていくこと，すなわち，教科を超え，教科のつながりを意識することが必要になってくる。

　また，そのためには，学ぶ価値のある文脈における学習プロセスの中で，問題発見・解決を念頭に置いた深い学びの過程が実現できるように，教科固有の「問い」だけではなく，「真正な学び」に向けたリアルな「問い」に向き合う必要も出てこよう。

❷ 本研究への期待と課題

　これから求められる資質・能力の育成に向けて，本研究が果たすべき役割は大きい。

　本研究の在り方は，学ぶべき内容（コンテンツ）と学ぶ価値のある文脈（コンテキスト）が結びつきを意識し，「真正な学び」に向けたリアルな「問

い」を据えて，主体的・協働的な学びを通して，学習のプロセスの中で，問題発見・解決を行い，評価にまで結びつけられるよう，検討・改善を求め続けており，国が求めている学びのモデルと言える。

　今後は，求められる資質・能力（汎用的能力）の育成に向けて，我が国の子どもが学ぶべき内容と学ぶべき文脈とを結びつけ，整理・構造化して，教育課程に位置づけていく必要がある。さらに，学習活動をデザインし，学びを深め，学習評価や授業評価につなげていくことが必要となるだろう。

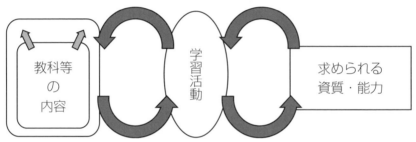

図　求められる資質・能力と内容と学習活動の結びつき

　学習評価については，子どもの学びを教師が見取る一方的なアチーブメント・テスト型，アウトカム評価である「非参加型評価」から，教師と子どもが一体となって進捗状況を見据えながら状況改善を目指し，子どもは自己の学びを，教師は授業を検証改善するような「参加型評価」（源，2007）への変化を目指し，実践につなげていくことが期待される。

〈引用・参考文献〉
・中央教育審議会教育課程企画特別部会（2015）「論点整理」．
・源由理子（2007）「参加型評価の理論と実践」，三好皓一『評価論を学ぶ人のために』，世界思想社，pp.95-112
・国立教育政策研究所（2015）『資質・能力を育成する教育課程の在り方に関する研究報告書1』（一部改変）．

【編著者紹介】
西村　圭一（にしむら　けいいち）
東京学芸大学教育学部教授

【執筆者紹介】
長尾　篤志（文部科学省初等中等教育局）
山口　武志（鹿児島大学）
久保　良宏（北海道教育大学旭川校）
清水　宏幸（山梨大学）
松嵜　昭雄（埼玉大学）
清野　辰彦（東京学芸大学）
青山　和裕（愛知教育大学）
本田　千春（東京学芸大学附属国際中等教育学校）
山下　雅代（電気通信大学大学院院生）
櫻井　順矢（山梨県教育庁義務教育課）
茂木　悟（宮城県仙台第三高等学校）
新井　健使（東京学芸大学附属国際中等教育学校）
中逸　空（青稜中学校・高等学校）
吉成　優希（鎌倉女学院中学校・高等学校）
成田慎之介（東京学芸大学附属国際中等教育学校）
宮﨑　史和（高知県教育委員会西部教育事務所）
浜田　兼造（埼玉県さいたま市立大宮南中学校）
髙橋　昭彦（Depaul University）
椿　広計（独立行政法人統計センター）
松原　憲治（国立教育政策研究所）
後藤　顕一（国立教育政策研究所）

真の問題解決能力を育てる数学授業
―資質・能力の育成を目指して―

2016年10月初版第1刷刊　Ⓒ編著者　西　村　圭　一
　　　　　　　　　　　　発行者　藤　原　光　政
　　　　　　　　　　　　発行所　明治図書出版株式会社
　　　　　　　　　　　　　　　http://www.meijitosho.co.jp
　　　　　　　　　　　（企画・校正）赤木恭平
〒114-0023　東京都北区滝野川7-46-1
振替00160-5-151318　電話03(5907)6701
ご注文窓口　電話03(5907)6668

＊検印省略　　　　組版所　共同印刷株式会社

本書の無断コピーは，著作権・出版権にふれます。ご注意ください。

Printed in Japan　　　　　　　ISBN978-4-18-236120-3
もれなくクーポンがもらえる！読者アンケートはこちらから　→